ESTAMOS PRONTOS

Reflexões sobre o desenvolvimento do espírito através dos tempos

FRANCISCO DO ESPÍRITO SANTO NETO
ditado por Hammed

boanova®
editora

Dados Internacionais de Catalogação na Publicação (CIP)
(Câmara Brasileira do Livro, SP, Brasil)

Hammed (Espírito) .
Estamos Prontos : reflexões sobre o desenvolvimento do espírito através dos tempos / ditado por Hammed; [psicografado por] Francisco do Espírito Santo Neto. --
Catanduva, SP : Boa Nova Editora, 2012.

ISBN 978-85-99772-87-4

1. Espiritismo 2. Psicografia I. Espírito Santo Neto, Francisco do II. Título.

11-14867	CDD-133.93

Índices para catálogo sistemático:
1. Mensagens psicografadas : Espiritismo 133.93

Impresso no Brasil/*Presita en Brazilo/Printed in Brazil*

sumário

3ª edição
Do 25º ao 30º milheiro
5.000 exemplares
Agosto/2013

© 2012 - 2013 by Boa Nova Editora

Capa
Direção de arte
Francisco do Espírito Santo Neto
Designer
Juliana Mollinari

Composição e Diagramação
Juliana Mollinari

Revisão
Maria Carolina Rocha

Coordenação Editorial
Julio Cesar Luiz

O produto da venda desta obra é destinado à manutenção das atividades assistenciais da Sociedade Espírita Boa Nova, de Catanduva, SP.

1ª edição: Junho de 2012 - 20.000 exemplares

66 Do mesmo modo que a ciência, propriamente dita, tem por objeto o estudo das leis do princípio material, o objeto especial do Espiritismo é o conhecimento das leis do princípio espiritual; ora, como este último princípio é uma das forças da Natureza, que reage, incessantemente, sobre o princípio material, e reciprocamente, disso resulta que o conhecimento de um não pode estar completo sem o conhecimento do outro. **99**

ALLAN KARDEC
A Gênese, 3ª Ed., pág. 21,
Boa Nova Editora

EMMANUEL, orientador espiritual do médium Chico Xavier. A obra mediúnica de Emmanuel é composta por dezenas de livros, muitos deles traduzidos para diversos idiomas. Em entrevista, Chico Xavier disse certa vez: *"Emmanuel tem sido para mim um verdadeiro pai na Vida Espiritual, pelo carinho com que me tolera as falhas e pela bondade com que repete as lições que devo aprender"*.

OS ANIMAIS, NOSSOS PARENTES PRÓXIMOS

Se bem haja no próprio círculo dos estudiosos dos espaços o grupo dos opositores das grandes ideias sobre o evolucionismo do princípio espiritual através das espécies, sou dos que o estudam, atenta e carinhosamente.

Eminentes naturalistas do mundo, como Charles Darwin, vislumbram grandiosas verdades, levando a efeito preciosos estudos, os quais, aliás, prejudicaram-se pelo excessivo apego à ciência terrena, que se modifica e se transforma, com os próprios homens; e, dentro das minhas experiências, posso afirmar, sem laivos de dogmatismo, que oriundos na flora microbiana, em séculos remotíssimos, não poderemos precisar onde se encontra o acume das espécies ou da escala dos seres, no pentagrama universal. E, como o objetivo desta palestra é o estudo dos animais, nossos irmãos inferiores, sinto-me à vontade para declarar que todos nós já nos debatemos no seu acanhado círculo evolutivo. São eles os nossos parentes próximos, apesar da teimosia de quantos persistem em o não reconhecer.

Considera-se, às vezes, como afronta ao gênero humano a aceitação dessas verdades. E pergunta-se como poderíamos admitir um princípio espiritual nas arremetidas furiosas das feras indomesticadas, ou como poderíamos crer na existência de um raio de luz divina na serpente venenosa ou na astúcia traiçoeira dos carnívoros. Semelhantes inquirições, contudo, são filhas de entendimento pouco atilado. Atualmente, precisamos modificar todos os nossos conceitos acerca de Deus, porquanto nos falece autoridade para defini-lo ou individualizá-lo. Deus existe.

Eis a nossa luminosa afirmação, sem poder, todavia, classificá-Lo, em sua essência. Os que nos interpelam por essa forma, olvidam as histórias de calúnias, de homicídios, no seio das perversidades humanas. Para que o homem se conservasse nessa posição especial de perfectibilidade única, deveria apresentar todos os característicos de uma entidade irrepreensível, dentro do orbe onde foi chamado a viver. Tal não se verifica e, diariamente, comentais os dramas dolorosos da Humanidade, os assassínios, os infanticídios nefandos, efetuados em circunstâncias nas quais, muitas vezes, as faculdades imperfeitas dos irracionais agiriam com maior benignidade e clemência, dando testemunho de melhor conhecimento das leis de amor que regem o mecanismo do mundo.

Emmanuel

Mensagem contida no livro *EMMANUEL*, pelo espírito de Emmanuel e psicografia de Francisco Cândido Xavier, pág. 119, cap. 17, FEB Editora.

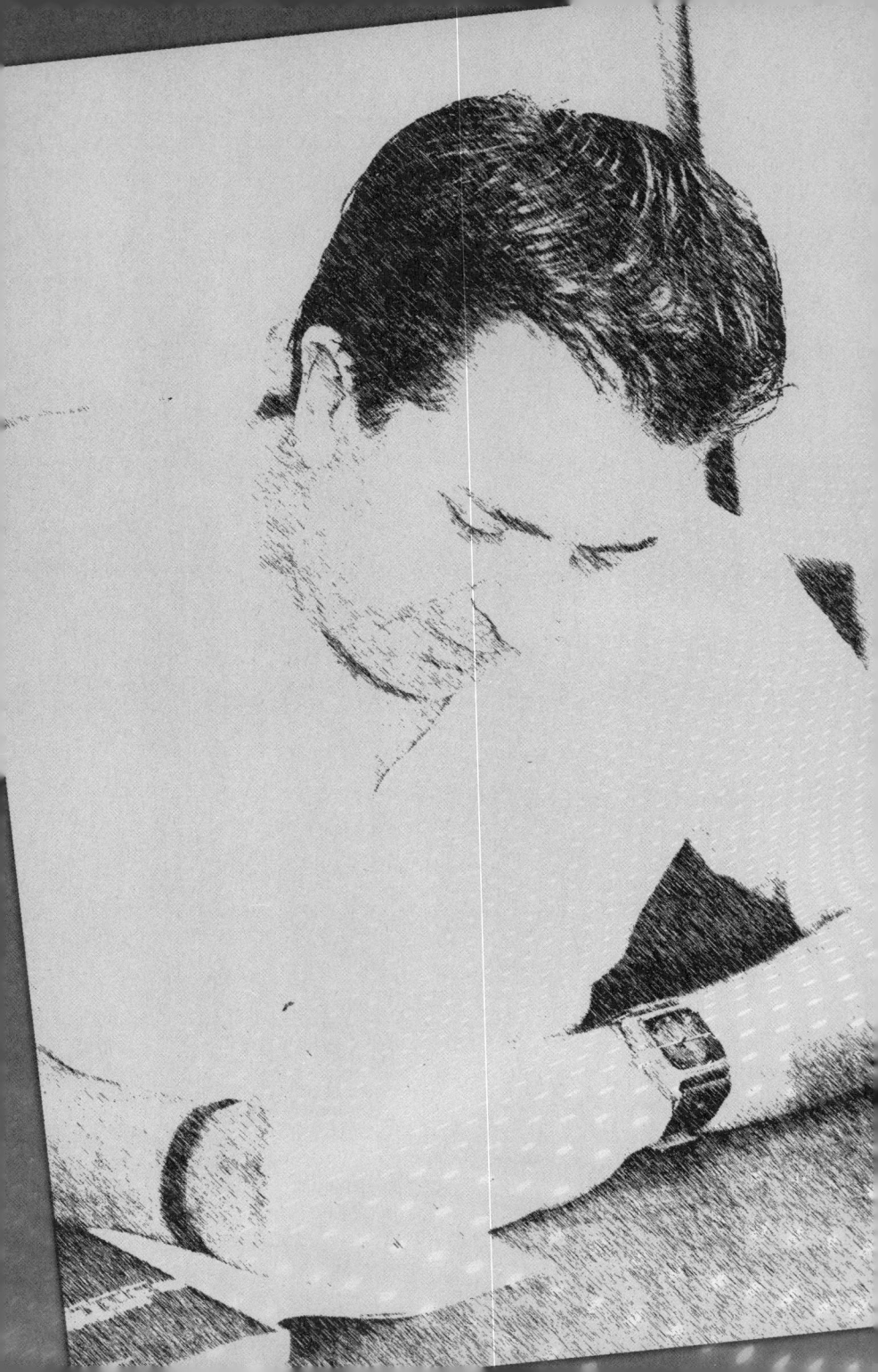

Certa feita li que Chico Xavier afirmara: "Emmanuel me diz que de nada não sai nada". Depois de tempos, compreendi de modo claro o que isso queria dizer: o médium só pode escrever e entender com nitidez o que lhe é transmitido se possui um conhecimento básico sobre o assunto. E compreendi, ao mesmo tempo, por que os benfeitores espirituais solicitam que eu faça a leitura de certos textos, alguns livros ou ensaios literários.

Eles me dizem nitidamente em sonhos, ou mesmo através da audição ou da psicografia, o que preciso apreender para me tornar um elemento mais útil ou receptivo na mediunidade.

Em outras ocasiões, esses orientadores espirituais sugerem determinada leitura que, posteriormente, será instrumento útil para o trabalho. Por exemplo: ocasionalmente chego a uma livraria e vou observando as obras literárias ali expostas; de repente escolho e compro um livro que me parece o mais interessante e, depois de algumas horas, eles me informam: "Você escolheu o livro certo, porque era justamente esse que nós intuíamos, para que sua leitura pudesse tornar mais fácil a escrita mediúnica que será realizada em breve".

Certa noite de junho, no inverno de 2010, eu cheguei a casa bem tarde, cansado, depois das atividades do cotidiano. Entretanto, como de hábito, procurei ler uma ou duas páginas edificantes antes de ir para a cama, pois isso me acalma e me traz um bem-estar enorme ao adormecer. A fadiga parece amenizar, eu durmo tranquilamente e, quase sempre, em tal circunstância, recebo durante o sono recados dos espíritos amigos quanto às tarefas que realizo junto a eles.

Foi nessa exata noite de junho que tive um encontro com Hammed, ocasião em que ele recomendou-me, primeiramente, a leitura da obra de Camille Flammarion intitulada *Deus na Natureza*; em seguida, a de Charles Darwin, *A Origem das Espécies*; e, por fim, o livro *Eu, Primata – Por Que Somos Como Somos*, do primatologista holandês Frans de Waal.

É interessante dizer que Hammed também me esclareceu, durante esse desdobramento, que a leitura dessa última obra, da área da etologia[1], iria facilitar meu entendimento, permitindo-me perceber, das inúmeras experiências ali comentadas, subsídios valiosos que viriam ao encontro da finalidade deste livro mediúnico. Obviamente, sabia tratar-se de obra de cunho científico, e não doutrinário, no entanto, serviram de embasamento aos estudos programados.

Falou-me ainda Hammed nesse encontro fora do corpo físico: "A pedido de vocês mesmos, em antecedente reunião mediúnica, vamos escrever algumas reflexões concisas que congreguem os princípios espíritas, fazendo pontes com a chamada antropologia biológica, que estuda os mecanismos de evolução, a herança genética e a adaptabilidade humana. Valer-nos-emos dos princípios

---

[1] Ciência que estuda o comportamento social e individual dos animais, ou mesmo, ramo da pesquisa do comportamento que se ocupa das bases dos modelos comportamentais inatos e das condições que os ativam.

básicos espíritas, das pesquisas da etologia e da primatologia, tentando estudar hábitos e relacionamentos sociais característicos dos grandes primatas não humanos, a fim de entender melhor, na atualidade, o comportamento dos seres humanos."

À época pensei comigo mesmo: "Sinto muito, mas não vou dar conta disso". Entretanto, depois de ler e ajuizar vagarosamente as obras recomendadas e de receber vários ensinamentos e explicações dos benfeitores espirituais, aceitei a tarefa. Não tenho a intenção de impor os conteúdos descritos nesta obra, contudo acredito que ela constitui passo importante na nova via de lucidez sobre as condutas humanas.

Estou absolutamente convencido de que as ideias que os Espíritos me apresentam não são minhas, pois admiráveis e extraordinárias não procedem do meu universo mental. Este livro me ensinou, de maneira sutil, as raízes biológicas do comportamento humano e a ação do perispírito como acervo dos arquivos do espírito (pois somente o princípio inteligente é capaz de traçar linhas inteligentes); por consequência, fez-me entender não só o **porquê** de minhas atitudes, mas também a razão de aceitá-las e a **forma mais lógica** de aprimorá-las.

Francisco do Espírito Santo Neto

Catanduva, 23 de junho de 2011.

CHARLES ROBERT DARWIN, cientista britânico que alcançou fama ao convencer a comunidade científica da ocorrência da evolução e propor uma teoria para explicar como ela se dá por meio da seleção natural. Esta teoria se desenvolveu no que é agora considerado o paradigma central para explicação de diversos fenômenos na Biologia. Foi laureado com a medalha Wollaston concedida pela Sociedade Geológica de Londres, em 1859.

(12/02/1809 - 19/04/1882)

ESTAMOS PRONTOS

"*O homem traz consigo a marca indelével de sua ancestralidade (origem primitiva).*"

CHARLES DARWIN

ESTAMOS PRONTOS

Alguns participantes de nossas tarefas mediúnicas na *Sociedade Espírita Boa Nova*, em Catanduva, solicitaram-me que escrevesse textos leves e rápidos que lhes permitissem melhor entender as palavras de Charles Darwin: "O homem traz consigo a marca indelével de sua ancestralidade". E mais: que discorresse sobre o desenvolvimento do espírito e a influência das raízes biológicas existentes em todos os seres humanos, ou mesmo sobre a causa de comportamentos semelhantes observáveis em toda a humanidade nos mais diferentes e distantes rincões do planeta. E que também fizesse uma analogia dessas ideias com a questão 609 de *O Livro dos Espíritos*[1], na qual os Espíritos Superiores afirmam que a atual humanidade passou por um período chamado "ante-humano", durante o qual estagiamos por milênios nos reinos da Natureza...

Daí deriva, leitor amigo, a formação destas páginas simples e despretensiosas, que não visam criar nenhuma teoria científica, mesmo porque sabemos não possuir capacidade para tanto; podemos, porém, propor reflexões,

---

[1] **Questão 609** – O Espírito, uma vez entrado no período de humanidade, conserva os traços do que foi precedentemente, quer dizer, do estado em que esteve no período que se poderia chamar ante-humano?
– *Depende da distância que separa os dois períodos e o progresso alcançado. Durante algumas gerações, ele pode ter um reflexo mais ou menos pronunciado do estado primitivo; porque nada na Natureza se faz por transição brusca. Há sempre anéis que ligam as extremidades das cadeias dos seres e dos acontecimentos; mas esses traços se apagam com o desenvolvimento do livre-arbítrio.(...)*

expor ideias, apresentar razões que possam orientar a conduta humana, pressupondo resultados e avaliando o significado das atitudes e das ações, sem nutrir a pretensão de forçar soluções categóricas ou definitivas. Contamos com ensinamentos do Espiritismo, princípios da etologia e teorias modernas da primatologia, harmonizando postulados, conclusões e métodos de diferentes ramos do saber científico, tentando adaptá-los o mais possível ao campo da compreensão humana.

Estamos Prontos é como chamamos esta obra, alicerçando-nos nas palavras dos Espíritos Superiores: "(...) o homem, sendo perfectível, e carregando em si o germe de seu aperfeiçoamento, não está destinado a viver perpetuamente no estado natural, como não está destinado a viver perpetuamente na infância (...)"[2].

Quando falamos "estamos prontos", queremos dizer que carregamos em nós os germes do aperfeiçoamento e, portanto, basta desenvolvê-los – palavra cujo significado linguístico é: "desenrolar, abrir ou libertar algo que estava envolvido; tirar o que envolve ou cobre; desembrulhar".

---

[2] **Questão 776** – O estado natural e a lei natural são a mesma coisa?
– *Não, o estado natural é o estado primitivo. A civilização é incompatível com o estado natural, ao passo que a lei natural contribui para o progresso da Humanidade.*
O estado natural é a infância da Humanidade e o ponto de partida de seu desenvolvimento intelectual e moral. O homem, sendo perfectível, e carregando em si o germe de seu aperfeiçoamento, não está destinado a viver perpetuamente no estado natural, como não está destinado a viver perpetuamente na infância. O estado natural é transitório e o homem dele se liberta pelo progresso e pela civilização. A lei natural, ao contrário, rege a Humanidade inteira, e o homem se aperfeiçoa à medida que compreende melhor e pratica melhor essa lei.

Com a visão esclarecida a respeito dessa temática, entendemos que nenhum desenvolvimento pode ocorrer de fora para dentro. Ele sempre tem início a partir de uma potencialidade, já existente em estado embrionário ou natural.

Não podemos negar que cada ser humano traz em si a herança comportamental vivenciada em sua ancestralidade; qualquer indivíduo, seja ele quem for, tem em comum condições emocionais e comportamentais, tais como poder e disputa, sexo e sedução, raiva e exaltação, vaidade e ostentação, tristeza e submissão, cooperação e defesa, medo e timidez e assim por diante.

Todavia, não carregamos somente as características denominadas rudes ou embrutecidas, mas também propriedades e atributos em germe, como solidariedade, organização, altruísmo, prudência, cooperação, empatia e outros tantos, provenientes dessa mesma herança – isto é, as fases evolutivas (ato de nascer – aprendizado, ato de morrer – aprendizado, ato de renascer – aprendizado) – em que o princípio inteligente serve-se dessa linhagem, seguindo por intermédio das experiências imensamente recapituladas, rumo à plataforma da humanidade.

Hoje atribuímos essas qualidades apenas aos homens, ignorando que elas também são um legado de nossos ancestrais do reino animal, ou seja, os embriões de consciência ou espíritos em evolução, constituindo, assim, as bases evolutivas da conduta da atual coletividade humana.

Não podemos esquecer que os homens se utilizam de um corpo orgânico que interage estritamente com seu espírito imortal, e essa vestimenta física humana tem, na ciência atual, uma classificação biológica: animais da classe dos mamíferos, da ordem dos primatas, da família dos hominídeos, do gênero *homo*, da espécie *homo sapiens*.

Aceitamos, desde Charles Darwin, que nosso corpo físico descende de primatas, apesar de que muitos de nós não nos consideramos primatas. Com a Doutrina Espírita, entendemos a genealogia espiritual, valorizando a vestimenta carnal que é instrumento da alma.

Finalmente, oferecemos nossas páginas ao leitor com a intenção de que possa avaliar e melhorar seu comportamento em face de estímulos sociopsicológicos, bem como dos sentimentais e dos emocionais, entendendo que tanto o desenvolvimento quanto o crescimento individual e espiritual não foram feitos a partir de **dois, três ou dez mil anos atrás, mas de milhões de anos, através das eras que se perdem na noite dos tempos.**

Oremos, hoje e sempre, para que possamos compreender cada vez mais em nós próprios os aspectos atávicos, que fazem parte da nossa ancestralidade espiritual e biológica, pedindo ao Cristo Jesus, nosso Diretor Planetário, que saiamos da estreiteza egoísta em que vivemos e sigamos rumo a uma nova consciência, na qual impere uma visão ética de família universal, de solidariedade e de integração entre as criações e as criaturas da Paternidade Divina.

Que Deus nos dê a Sua paz.

Hammed

Catanduva, 2 de junho de 2011.

NICOLAS CAMILLE FLAMMARION, astrônomo francês e amigo de Allan Kardec. Fundou a Société Astronomique de France em 1887. Seus trabalhos para a popularização da astronomia fizeram com que fosse agraciado, em 1912, com um prêmio da Legião de Honra.
(26/02/1842 - 03/06/1925)

capítulo 1

SOLIDARIEDADE E BONDADE

66(...) Vemos em Deus a essência virtual que sustenta o mundo em cada uma de suas partes microscópicas, daí resultando ser o mundo como que por Ele banhado, embebido em todas as suas partes, e que Deus está presente na composição mesma de cada corpo.(...) 99 [1]

CAMILLE FLAMMARION

[1] Camille Flammarion, *Deus na Natureza*, 7ª ed., pág. 36, FEB Editora.

SOLIDARIEDADE E BONDADE

Nossa forma de entender o mundo interfere em nossa visão de Deus, assim como a maneira de concebermos Deus influi na visão de nós mesmos. Os limites da consciência são as divisas do nosso mundo; só há mudança para melhor quando se enxerga, com clareza, por cima das fronteiras físicas.

Isaac Newton e René Descartes cedem lugar a Albert Einstein, e a chegada da astrofísica e da física quântica obriga-nos a encarar o Universo de modo diferente e, pelas mesmas razões, a ideia da Divindade.

"Não há efeito sem causa – disse Allan Kardec – *e todo efeito inteligente tem forçosamente uma causa Inteligente."* Ora, se Deus é a inteligência suprema e causa primária de todas as coisas, Ele transcende a natureza física de tudo quanto existe, ou seja, Deus, como Criador, está presente nas Suas obras, através de Suas leis, que representam a ligação do todo existente com Sua potencialidade divinal. As leis da evolução e de causa e efeito explicam a Sua imanência – o que está inseparavelmente contido no âmago dos seres.

Deus é inerente, quer dizer, Ele está em tudo e tudo está nEle, mas tudo não é Deus. Deus está em todas as criaturas e criações, mas é distinto, não Se confunde com nenhuma delas. Os indivíduos e todos os seres inanimados do Universo não são Deus, mas não estão separados dEle.

Pananteísmo significa "Deus Se revela em tudo";

existe no imo de todas as coisas, existe acima de tudo e além de tudo. Entretanto é necessário não confundirmos panteísmo com pananteísmo. No panteísmo, diz-se que todas as coisas são Deus; no pananteísmo, que Deus tem presença marcante em tudo. Corroborando esse conceito, disse Paulo de Tarso[2]: *"NEle vivemos, movemo-nos e existimos"*.

Os Benfeitores Espirituais disseram a Kardec que a ideia de Deus é intrínseca aos povos primitivos, uma espécie de sentimento inato[3] impresso no espírito, que não foi imposto pela educação, ou seja, pelas tradições nem pelos valores intelectuais, morais e religiosos. Essa noção faz parte do sentimento natural, bem como outras tantas riquezas e bens de cunho imortalista, que estão gravadas no imo da humanidade.

A presença de Deus constitui a essência que não se restringe unicamente à consciência humana, mas se estende a toda a Natureza. O Espiritismo elucida-nos a ideia de Deus, apresentando-a com todo o seu poder de esclarecimento, de modo simples e preciso, retirando o véu que cobre a transcendência divina e colocando-a sob a luz do bom senso e da razão, dos princípios lógicos e da fé raciocinada.

Parafraseando as afirmativas de Frans de Waal a respeito da **solidariedade** no mundo animal, escrevemos:

---

[2] Atos, 17:28.

[3] **Questão 652** – Pode-se considerar a adoração como tendo sua origem na lei natural?
– *Ela está na lei natural, uma vez que é o resultado de um sentimento inato no homem. Por isso, ela se encontra em todos os povos, ainda que sob formas diferentes.*

o sentimento de acolhimento, cujo intuito é socorrer e ajudar, faz parte da nossa herança primata, mas os seres humanos têm imensa resistência em admitir que essas boas qualidades são parte da evolução filogenética de todo o reino animal. Quando indivíduos cometem genocídio – destruição de populações ou povos –, nós os chamamos de "animalizados"; mas, quando são solidários e bondosos, nós os elogiamos por serem "humanitários".

Em 16 de agosto de 1996[4], uma fêmea de gorila de oito anos, denominada Binti Jua, resgatou uma criança de três, que subiu em uma grade e caiu a uma altura de aproximados seis metros, dentro da jaula dos primatas. Funcionários agiram quase que de imediato, mas foi Binti que reagiu prontamente, levantou o menino, embalando-o com o braço direito, e o carregou para um lugar seguro.

Sentou-se em um tronco à beira d'água com a criança inconsciente no colo, afagou-o delicadamente com as costas da mão, deu-lhe umas pancadinhas nas costas e carregou-o por dezoito metros até uma entrada de acesso, para que o pessoal do zoológico, que já estava à espera, pudesse socorrê-lo. Esse gesto amoroso de **solidariedade**, gravado em vídeo e exibido para o mundo inteiro, sensibilizou muitos corações, e constatou a possibilidade de haver humanidade nos primatas não humanos. Binti Jua foi aclamada heroína e tida como um modelo de compaixão.

Ser solidário implica, em primeiro lugar, o respeito à dignidade individual. A **solidariedade** tem como intuito socorrer e confortar a outrem em suas dificuldades e colaborar, de modo efetivo, para uma vida melhor no

---

[4] Frans de Waal, *Eu, Primata - Por Que Somos Como Somos*, Companhia das Letras, pág. 13.

meio social em que se vive. Ela é sempre mais verdadeira quando praticada de modo espontâneo ou com quem nem mesmo se conhece.

Constata-se hoje que certos traços, antes considerados exclusivamente humanos, são também encontrados em outros primatas. Solidarizar-se é tão frequente na Natureza quanto o comportamento belicoso.

A regra áurea do Novo Testamento – não fazer aos outros o que não desejamos que nos façam – é um exemplo de solidariedade; é uma característica inerente à raça humana, uma importante qualidade para fortalecer relações interpessoais.

O objetivo do ato solidário não é somente o de dar alguma coisa, por assim dizer, mas também o de doar-se; acolhendo, ouvindo, dialogando, ajudando na mais profunda dor ou necessidade de uma pessoa.

Não queremos dizer que, para sermos **solidários** e **bondosos**, devemos comungar de modo absoluto com os pontos de vista alheios; sobretudo, isso significa que devemos estar dispostos a tentar compreendê-los e respeitá-los. Não devemos supor que pensem do mesmo modo nosso. Só haverá real **solidariedade** quando alcançarmos uma forma de sair de nós mesmos e avaliar como cada individualidade vê o mundo com seus próprios olhos. As experiências de vida de outra pessoa são válidas para quem as experienciou e, mesmo que contestem as nossas, devemos levá-las em consideração.

Solidariedade não é uma "fidelidade exagerada" ou "devoção patológica" com relação a pessoas, ideias e causas. Comportamentos de "atendimento extremado", "delicadeza excessiva" e "constantes atitudes obsequiosas" podem revelar traços de uma necessidade doentia de reconhecimento e aceitação, a fim de receber, por exemplo, segurança ou proteção.

Quando a **solidariedade** se torna um hábito e deixamos de empolgar-nos pelo julgamento precipitado, nossa capacidade de amar amplia-se.

Segundo George Bernard Shaw, dramaturgo, romancista e jornalista irlandês, *o pior pecado que cometemos com nossos semelhantes não é odiá-los, mas sermos indiferentes a eles. Essa é a essência da desumanidade*. O maior presente que podemos oferecer ao mundo é a total atenção à existência das criaturas. Vivemos hoje uma espécie de cegueira pública.

Criamos uma sociedade que não enxerga "os invisíveis", ou antes, os servidores subalternos, os quais deixam de ser notados como pessoas e passam a ser tratados como coisas transparentes. Existem só uniformes, utensílios e ferramentas; sua individualidade é por completo ignorada e, mais do que isso, a própria natureza humana desses indivíduos deixa de ser admitida e reconhecida.

Compartilhamos com a humanidade jornadas diárias e a nossa destinação mais completa se resume em dar atenção, compartilhar e compreender. São essas ações que, desenvolvidas, poderão resultar em qualidades, as quais serão via de mão dupla, ou seja, diretamente proporcionais à **solidariedade** que dedicarmos a nossos semelhantes.

Cada instante de nossa existência nos faculta experiências indispensáveis para o desenvolvimento de nossas qualidades inatas. Precisamos sair do "pecado da indiferença", que tem como cerne a "essência da desumanidade"; não devemos nos afastar da presença uns dos outros, das contribuições e até mesmo das vicissitudes, dos altos e baixos que todos enfrentamos. Sendo **solidários** e **bondosos** avançamos tanto em conjunto como individualmente.

HIPPOLŸTE LÉON DENIZARD RIVAIL, educador, escritor e tradutor francês. Sob o pseudônimo de **Allan Kardec**, notabilizou-se como o codificador do Espiritismo (neologismo por ele criado), também denominado de Doutrina Espírita.

(03/10/1804 - 31/03/1869)

capítulo 2

ÓDIO E PAIXÃO

" Sem, pois, procurar a origem da alma, e as fieiras pelas quais pôde passar, nós a tomamos em sua entrada na humanidade, *no ponto em que, dotada do senso moral e do livre-arbítrio, ela começa a incorrer na responsabilidade de seus atos.* " [1]

ALLAN KARDEC

[1] Allan Kardec, *A Gênese*, 3ª ed., pág. 175, Boa Nova Editora.

ÓDIO E PAIXÃO

Segundo Albert Einstein, "A religião do futuro será cósmica e transcenderá um Deus pessoal, evitando os dogmas e a teologia". Afirmou Allan Kardec: "Só é inabalável a fé que pode enfrentar a razão, face a face, em todas as épocas da Humanidade". Este pesquisou a espiritualidade, sem negligenciar a importância da ciência, enquanto aquele operou na área do conhecimento científico, sem se esquecer do valor das coisas transcendentais. Com isso, estabeleceram pontes importantíssimas entre a ciência e a fé.

Esses dois homens extraordinários, providos do mesmo espírito de dedicação à humanidade, porém em épocas diferentes, alcançaram resultados admiráveis para a criação de uma base em que nasça uma nova concepção de mundo, construída sob a égide de uma religiosidade fundamentada no conhecimento científico da natureza física e espiritual do ser humano.

"O Espiritismo e a ciência se completam um pelo outro; a ciência sem o Espiritismo se encontra na impossibilidade de explicar certos fenômenos unicamente pelas leis da matéria, o Espiritismo, sem a ciência, faltaria-lhe apoio e controle." [2]

Quando pessoas cometem genocídios, nós as denominamos seres animalescos; quando, porém, agem

---

[2] Allan Kardec, *A Gênese*, item 16, 3ª ed., pág. 21, Boa Nova Editora.

com altruísmo, nós as elogiamos e dizemos que seus gestos foram humanitários, lembra o biólogo holandês Frans de Waal em seus estudos sobre a origem do modo de agir dos seres humanos e sua relação com o comportamento dos chimpanzés e bonobos.

O autor nos apresenta conceitos interessantes: "Nós, humanos, mais sistematicamente brutais do que os chimpanzés e mais empáticos do que os bonobos, somos, de longe, os mais bipolares dos grandes primatas. O que melhor nos caracteriza, o ódio ou o amor? O que é mais crucial para a sobrevivência, a competição ou a cooperação? Somos mais parecidos com os chimpanzés ou com os bonobos? Essas questões são perda de tempo para as criaturas bipolares como nós. Equivalem a perguntar se é melhor medir uma superfície pela largura ou pelo comprimento."

Ele ainda afirma que bonobos são a antítese dos chimpanzés, pois em vez de suas relações sociais basearem-se na força bruta, abalizam-se no uso da afetividade e do sexo, como ferramentas de contenção dos conflitos entre eles. Se isso nos lembra algo, acreditemos: não é por simples eventualidade...

Somos uma espécie bipolar, quer dizer, temos estruturas psicológicas opostas, ou mesmo, apresentamos conteúdos íntimos diametralmente antagônicos, alega o primatólogo holandês[3], lembrando nossa capacidade de, em alguns segundos, passar da compaixão à ira, do relacionamento tranquilo a um desenfreado, da cooperação à disputa brutal pelo poder, da **guerra** à **paz** e

FRANCISCO DO ESPÍRITO SANTO NETO | HAMMED

---

[3] Frans de Waal, *Eu, Primata - Por Que Somos Como Somos*, Companhia das Letras, pág. 272.

vice-versa. Em outras palavras, somos tanto inclinados ao **ódio** quanto ao **amor**.

Daí que qualquer tentativa de classificar o homem, nesta fase evolutiva, por apenas um desses polos, pode nos levar a uma visão simplista e irreal da sociedade humana. A índole humana é inerentemente multidimensional (com capacidade de abranger múltiplos aspectos do sentimento e da emoção) e o mesmo pode-se dizer da natureza dos chimpanzés e dos bonobos.

Cada um de nós possui um "reino interno" ou "casa íntima", contendo uma vastidão de sensações, tendências e possibilidades, pensamentos e criações. Para conseguirmos nos tornar seres unos e plenos, deveremos aceitar nossa condição de almas em evolução e assumir os elementos naturais da estrutura humana, isto é, as duas polaridades da vida (corpo – espírito; claridade – escuridão; animal – divino; intuição – razão; masculino – feminino; **ódio – paixão**; luxúria – castidade; egoísmo – altruísmo).

Ficamos doentes porque não vemos nossa cisão interna. Não podemos ter na própria intimidade o *"reino dividido contra si mesmo"* ou a *"casa dividida contra si mesma"*, conforme disse Jesus de Nazaré[4]. Atravessamos parte de nossa existência terrena – para sermos mais precisos, a mocidade – definindo qual lado de nós mesmos esconderemos na "mochila imperceptível" (sombra junguiana) e depois passamos o resto da existência tentando retirá-lo de lá.

Certa feita, o Dr. Carl Jung relatou que todo homem tem uma sombra e, quanto mais ele for inconsciente de si

---

[4] Mateus, 12:25.

mesmo, menos ela se incorporará à sua vida consciente, tornando-se cada vez mais densa e negra e manifestando-se, assim, como uma trava automática frustrando a realização pessoal. Em outra ocasião, afirmou literalmente: "Aquilo que não fazemos aflorar à consciência aparece em nossas vidas como destino".

Se nos conscientizarmos de tudo o que estiver dentro de nós, iremos ao encontro da salvação e do bem-estar; entretanto, se ignorarmos e não expressarmos o que estiver em nossa intimidade, então esbarraremos na destruição e insanidade. Muitas tradições religiosas incitam a cisão entre a alma e o corpo ao recomendar que a finalidade da evolução humana seja apenas o transcendental. Conservadores e ortodoxos de quase todos os cultos ao que é sagrado reprimem supostamente os anseios corporais, tentando redirecioná-los para finalidades espirituais, enquanto as necessidades de divertimento, prazer e distração são consideradas e nomeadas "inferiores" e desprezíveis.

Para crescer e progredir em espírito não é preciso fazer nada fora do comum. Não é necessário fazer grandes feitos, mas apenas viver ou cumprir a normalidade da condição humana. Viver humanamente não é viver na irresponsabilidade, no vício, na ilusão, no orgulho, enfim, nas chamadas imperfeições terrenas. No entanto, a grande falha das criaturas, ou mesmo, o seu **pecado oculto** é viver longe do senso de realidade corpo e alma.

Não podemos transitar presos ao mundo das oposições, isto é, o do certo e o do errado, o da luz e o da sombra, o de dentro e o de fora, o do bem e o do mal, prisioneiros da polaridade. Quando admitirmos os lados opostos, evitando os extremos, faremos uma conexão e encontraremos o meio-termo, o equilíbrio. Todos sabemos que somos ao mesmo tempo ricos em contradições e hábeis camufladores de nossas instabilidades ou oscilações internas.

A inconstância emocional é compreensível em nossa idade evolutiva e ela pode ser considerada um caminho para o equilíbrio, um indicativo para a saúde mental, pois faz emergir de nossas profundezas as emoções negadas, trazendo-as à luz da consciência.

Conforme disse o eminente escritor russo Alexander Solzhenitsyn: "Ah, se fosse assim tão simples! Se houvesse pessoas más em um lugar, insidiosamente cometendo más ações, e se nos bastasse separá-las do resto de nós e eliminá-las. Mas a linha que divide o bem do mal atravessa o coração de todo ser humano. E quem se disporia a destruir uma parte do seu próprio coração?"[5]

Temos, sim, predisposições inatas (genéticas e transcendentais); isso, porém, não significa que as criaturas humanas devam ser uma casta de atores cegos encenando programas genéticos da Natureza. Tanto nosso corpo como nosso espírito abrigam possibilidades de renovação, fazendo aumentar a nossa capacidade de desenvolvimento. Guardamos em nossas mãos livre-arbítrio, mudança e flexibilidade para compor e recompor nosso modo de agir, de pensar; enfim, de viver.

---

[5] Nota da Editora – Alexander Solzhenitsyn (1918-2008): escritor e historiador russo, recebeu o Prêmio Nobel de Literatura em 1970.

CHARLES ROBERT DARWIN, cientista britânico que alcançou fama ao convencer a comunidade científica da ocorrência da evolução e propor uma teoria para explicar como ela se dá por meio da seleção natural. Esta teoria se desenvolveu no que é agora considerado o paradigma central para explicação de diversos fenômenos na Biologia. Foi laureado com a medalha Wollaston concedida pela Sociedade Geológica de Londres, em 1859.

(12/02/1809 - 19/04/1882)

capítulo 3

ALTRUÍSMO E RECIPROCIDADE

66Não vejo razão alguma para que as opiniões desenvolvidas neste volume firam o sentimento religioso de quem quer que seja. Basta, além disso, para mostrar o quanto estas espécies de impressões são passageiras, lembrar que a maior descoberta que o homem tem feito, a lei da atração universal, foi também atacada por Leibnitz, como subversiva da religião natural e, nessas condições, da religião revelada.**99** [1]

CHARLES DARWIN

---

[1] Charles Darwin, *A Origem das Espécies*, Lello & Irmão Editores.

ALTRUÍSMO E RECIPROCIDADE

O criacionismo e o evolucionismo são duas propostas contraditórias que dizem respeito à origem do homem.

A primeira, criacionista extremista, adotada pela teologia judaico-cristã, foi proclamada com incrível exatidão pelo bispo anglicano Usher, no século XVII. Fundamentado em textos bíblicos, assegurou que a Terra tinha sido criada, exatamente no ano 4004 a.C., junto com todas as espécies, tal como existem atualmente.

A segunda, o evolucionismo, adotada pela ciência, propõe que o Universo surgiu há mais ou menos treze bilhões de anos, e a vida em nosso planeta, desde as formas mais primitivas, há cerca de três e meio bilhões de anos.

Sustentando o criacionismo extremista está a crença religiosa baseada nas escrituras bíblicas. Já o evolucionismo é apoiado em pesquisas antropológicas, geológicas, arqueológicas, bem como nas ciências naturais que estudam a idade dos fósseis. Estudos feitos por pesquisadores e estudiosos da corrente evolucionista provaram, por exemplo, que a datação do carbono 14, além de servir para determinar a idade de certos artefatos de origem biológica, presta-se também para datar objetos como ossos, tecidos, madeira e fibras de plantas usadas em atividades humanas no passado relativamente recente ou arcaico, na história do planeta e da vida natural.

Na questão 611 de *O Livro dos Espíritos*[2], a Espiritualidade responde: "(...) Desde que o princípio inteligente atinge o grau necessário para ser Espírito e entrar no período da humanização, já não guarda relação com o seu estado primitivo e já não é a alma dos animais, como a árvore já não é a semente."

Vale lembrar, porém, que há em nós uma raiz genética comum, o que levou o biólogo holandês Frans de Waal a dizer: "Podemos tirar o primata da selva, mas não a selva do primata".

Pesquisadores do reino animal, estudiosos do comportamento dos chimpanzés, descobriram que tais animais são capazes de uma mutualidade extraordinária quando recebem pedido de ajuda de um deles. Segundo os cientistas, a conduta dos chimpanzés e a dos bonobos é um exemplo clássico de reciprocidade social. Viemos de uma longa ascendência de antropoides que eram altamente sociáveis. Uma série de estudos no campo da observação científica pressupõe que o traço humano de ajudar outros de modo voluntário pode ter evoluído a partir da mesma

---

[2] **Questão 611** – A comunidade de origem do princípio inteligente nos seres vivos não é a consagração da doutrina da metempsicose?

– *Duas coisas podem ter uma mesma origem e não se assemelharem de nenhum modo mais tarde. Quem reconheceria a árvore, suas folhas, suas flores e seus frutos no germe informe contido na semente de onde ela saiu? Do momento em que o princípio inteligente atinge o grau necessário para ser Espírito e entrar no período de humanidade, ele não tem mais relação com seu estado primitivo e não é mais a alma dos animais, como a árvore não é a semente. No homem, não há mais do animal senão o corpo, e as paixões que nascem da influência do corpo e do instinto de conservação inerente à matéria. Não se pode, então, dizer que tal homem é a encarnação do Espírito de tal animal e, por conseguinte, a metempsicose, tal como é entendida, não é exata.*

conduta inata observada nesses seres. No entanto, não estamos dizendo que esses primatas não humanos foram ou são seres morais como nós.[3]

Um modo fácil de verificar a **reciprocidade** e o **altruísmo** é analisar a partilha de alimento entre os chimpanzés. Na selva, eles saem à caça até agarrarem alguma presa; dividem-na em pedaços e distribuem-nos entre o grupo todo. Os pesquisadores e/ou observadores olham atentamente os machos na copa de uma árvore a pedirem parte da carne, que estava em poder do macho capturador. Em certo momento, ele deu metade para seu melhor amigo, que imediatamente se tornou o alvo das atenções de um segundo grupo de mendicantes.[4] Ao fim de poucas horas, todos os chimpanzés na árvore tinham um pedaço de carne. Fêmeas no cio tiveram mais êxito que as outras na hora de ganhar comida. Até o macho dominante, se não participou da caçada, pode ficar de mãos quase vazias.

Este é outro exemplo de **altruísmo** e **reciprocidade**: os que contribuíram para o sucesso da caça têm prioridade no recebimento de melhor quinhão do produto. Com suas pesquisas, Frans de Waal demonstra que a distância entre o ser humano e os primatas não humanos é infinitamente menor do que aquela que muitos cientistas e filósofos sempre supuseram, o que confirma as ideias do inglês Charles Darwin sobre a evolução. Afirma o respeitável primatologista da atualidade que mesmo os traços considerados "exclusivamente humanos" também se encontram em outros animais. Essas afirmações estão em sintonia com os ensinos espíritas.

---

[3] e [4] Frans de Waal, *Eu, Primata - Por Que Somos Como Somos*, Companhia das Letras, pág. 240, 241 e 242.

O Espiritismo informa que, através da movimentação incessante das vidas sucessivas, o espírito congrega em si a experiência que lhe é imprescindível; portanto, nós vivemos infinitas e repetidas vezes, avançando lentamente da simplicidade, do primitivismo para a mais vasta complexidade de conhecimento, exercitando a arte de pensar, sentir e agir. Ensina também que a alma humana, no curso de milhões de anos, submeteu-se aos mais ásperos exames e análises minuciosas, sob a orientação de engenheiros genéticos da Alta Espiritualidade, a fim de assimilar os valores da emoção, sentimento, reprodução, memória, embrenhando-se assim pelas vias da sensibilidade e da inteligência rumo às faixas iniciais da humanidade.

A individualidade evolui a passos largos quando exercita a **reciprocidade** e o **altruísmo** em sua vida de relação. As criaturas possuem dádivas especiais, mas também fardos penosos, muito difíceis de carregar se não forem compartilhados com outras pessoas.

Cada alma, seja no resgate ou na libertação, seja nas Altas Esferas ou não, tem uma função definida de trabalho e elevação dos seus próprios valores. As que aprenderam a dividir os bens da vida com amor e generosidade multiplicam tanto na Terra como nos Céus as dádivas do Criador. Muitos vivem numa espécie de "narcotização interna", buscando na posição social, uniões vantajosas, fama, sucesso externo ou recursos financeiros, um escudo invisível para não prestarem atenção ao que realmente é importante.

Quando dialogam, usam como subterfúgio uma retórica recheada de palavras para falar e, ao mesmo tempo, não dizer nada. São evasivas, mudam de assunto sem qualquer constrangimento, concentrando seu foco existencial no periférico. Continuam infelizes e insanas mesmo depois de terem alcançado tudo aquilo que tinham buscado.

Outras usam inconscientemente como estratégia a desatenção (desejo de não ver e de não experimentar), desviando-se assim do contato pessoal e direto com seus semelhantes. É uma forma de congelar a relação solícita, generosa e de troca com as pessoas. Fazem uma "deflexão" – alteram ou desviam sua predisposição inata de **altruísmo** e **reciprocidade** – rumo a uma "narcose existencial".

Quase sempre falam das coisas por alto, nunca de modo claro e franco, com "rodeios verbais"; por possuírem alto grau de generalização, nunca são diretas; quando se exprimem, não se referem a si mesmas, mas sim a coisas abstratas; quase nunca olham para os olhos nem se dirigem especificamente ao interlocutor.

Essa estrutura de caráter tem como base íntima uma extroversão defensiva, ou seja, um mecanismo de defesa de autodistração. Por trás de tais comportamentos escondem-se pessoas que fogem sistematicamente das outras, por terem medo de entrar em contato com o mundo íntimo alheio.

A vida coletiva passa a ter intensa sensação de prazer e de alegria quando somos úteis e atuamos de modo ativo na sociedade. Precisamos uns dos outros para aliviar a dor e o sofrimento que encontramos em nossas vidas. Até nossa profissão pode ser transformada em sacerdócio quando exercida com **altruísmo**. É necessário encontrar o significado sagrado que existe na companhia dos outros. Somente quando arcamos conjuntamente com as responsabilidades, ou seja, quando dividimos o peso – antes apoiado num só par de ombros –, é que valorizamos o bem de viver em **reciprocidade**.

Cada vez que olharmos sob novos ângulos um fato da nossa vida, vislumbraremos esse mesmo fato com maior justeza e nitidez. Vale lembrar que, ao compartilharmos esse "olhar" com alguém, ele atingirá outros novos horizontes e nos trará inúmeras respostas e soluções antes nunca percebidas. Poderíamos até assegurar que nenhum fato existencial é realmente integrado à vida de alguém, se vivenciado de maneira isolada e solitária. O egocentrismo desgasta a vida. O **altruísmo** a renova.

Cada um de nós é prejudicado ou beneficiado pelas reações dos outros, as quais saíram de nós mesmos em forma de causa ou ação. Por isso não devemos jamais nos espantar ou ficar admirados com o modo como somos tratados. Afinal de contas, fomos os professores de todos aqueles que nos rodeiam. Se fizermos a nossa parte, espalhando ajuda e zelo, é exatamente isso que receberemos em troca.

O Universo dentro e fora de nós não é bipartido, é uma realidade só, única. Poderemos cooperar de forma generosa com nosso planeta se nos entregarmos a esse fluxo com respeito pela unidade planetária, contribuindo assim para os nossos processos rítmicos e os da Terra. De nada adianta afirmar que todas as desventuras e adversidades de hoje são somente culpas de vidas passadas, mesmo porque, quando não aceitamos a unidade existencial, poderemos prejudicar a nossa condição evolutiva.

Precisamos reconhecer que a responsabilidade ante

nós mesmos, aliada ao exercício da boa vontade, materializa novas causas e, como decorrência, atrairemos novos efeitos, enriquecendo e recompondo, assim, nosso destino.

EMMANUEL, orientador espiritual do médium Chico Xavier. A obra mediúnica de Emmanuel é composta por dezenas de livros, muitos deles traduzidos para diversos idiomas. Em entrevista, Chico Xavier disse certa vez: *"Emmanuel tem sido para mim um verdadeiro pai na Vida Espiritual, pelo carinho com que me tolera as falhas e pela bondade com que repete as lições que devo aprender"*.

capítulo 4

SEDUÇÃO
E DESEJO

> **“** Toda criatura consciente traz consigo, devidamente estratificada, a herança incomensurável das experiências sexuais vividas nos reinos inferiores da Natureza. **”** [1]

EMMANUEL

---

[1] Nota da editora: recomendamos aos interessados neste assunto a leitura do capítulo intitulado, Carga Erótica, do livro Vida e Sexo, ditado pelo espírito Emmanuel ao médium Francisco Cândido Xavier - Feb Editora.

SEDUÇÃO E DESEJO

Apesar de o ser humano proceder da mesma espécie (*homo sapiens*), esse traço comum da Natureza continua a ser repudiado pelo próprio homem, pois, quando ele não se reconhece nas criações e criaturas, exclui de imediato todos aqueles que julga diferentes, nomeando-os "desumanos".

Mesmo sendo herdeiros da genealogia das florestas em que viviam nossos ancestrais, muitos homens, convictos de que abandonaram para sempre a descendência tropical, arquitetaram além da Natureza um reino à parte, eminentemente só deles.

A Espiritualidade Superior afirma: *"O instinto é uma inteligência rudimentar que difere da inteligência propriamente dita, em que suas manifestações são quase sempre espontâneas, enquanto que as da inteligência são o resultado de uma combinação e de um ato deliberado."*[2]

O **instinto** e/ou o **potencial** são desencadeados por

---

[2] **Questão 75 – a -** Por que a razão não é sempre um guia infalível?
– Ela seria infalível se não fosse falseada pela má-educação, o orgulho e o egoísmo. O instinto não raciocina; a razão permite a escolha e dá ao homem o livre-arbítrio.
O instinto é uma inteligência rudimentar que difere da inteligência propriamente dita, em que suas manifestações são quase sempre espontâneas, enquanto que as da inteligência são o resultado de uma combinação e de um ato deliberado. O instinto varia em suas manifestações, segundo as espécies e suas necessidades. Nos seres que têm a consciência e a percepção das coisas exteriores, ele alia-se à inteligência, quer dizer, à vontade e à liberdade.

um estímulo-chave que, uma vez acionado, propaga-se automaticamente.

Já o comportamento e/ou a atitude podem ser construídos a partir da influência dos processos cognitivos: educação, cultura, experiências, valores regionais, costumes e tradições de nações.

Com suas observações e pesquisas, Frans de Waal constata que chimpanzés fêmeas têm livre preferência pelo companheiro sexual. Na comunidade dos chimpanzés, há uma hierarquia bem definida. As sociedades são compostas por grupos de famílias de três a seis indivíduos, totalizando uma média de 50 animais em cada grupo. Essa hierarquia é formada por membros adultos, liderada pelo macho alfa acompanhado da fêmea alfa, que, juntos, demonstram sua autoridade e jamais permitem insubordinação dos outros; ele é o primeiro a se alimentar e possui primazia na cópula e escolha das fêmeas; é, enfim, aquele que controla os demais membros do grupo.

Uma fêmea, porém, pode preferir acasalar-se com um macho de posição inferior na hierarquia grupal, apesar da presença do macho alfa, que a fiscaliza. Ele procura se conservar perto dela, sem se alimentar, com pouco tempo para beber e vigia ciumentamente essa fêmea de seu bando durante muitos dias.

Comenta ainda o primatologista de Waal que, observando certa vez um jovem macho fazer abordagem amorosa a uma fêmea, percebeu que, durante todo o tempo, ele olhava em sua volta com medo de que outros machos percebessem. No momento em que o símio exibia seu ardor sexual, insinuando-se fisicamente para a fêmea, um doš machos dominantes apareceu por ali. O jovem rapi-damente dissimulou e colocou as mãos escondendo seus órgãos genitais, como um menino envergonhado.

Ele também relata que cenas interessantes são vistas na floresta quando certos cientistas atraem bonobos para uma clareira, dando-lhes cana-de-açúcar; as fêmeas ado-lescentes, vendo os machos com o alimento, rodeiam-nos e insinuam-se, apresentando suas genitálias. Alguns machos recuam, tentando evitar a **sedução** amorosa. Mas as jovens fêmeas persistem de modo incansável até conseguirem uma cópula, que invariavelmente resulta na partilha do ali-mento. Os observadores percebiam que as jovens fêmeas pareciam se entregar a uma espécie de "mercado sexual", sabendo de antemão que seriam pagas pelo ato. Machos e fêmeas até parece que se entregam com antecedência às relações sexuais, mediante recompensa, estabelecendo "comércios afetivos".

Quando as fêmeas estão no estro, isto é, na fase de receptividade sexual, elas exibem os órgãos genitais intumescidos, pormenor anatômico externo que auxilia a identificá-las facilmente. De Waal acrescenta que certa vez fotografou uma fêmea bonobo adolescente grunhindo e com os dentes escancarados durante a cópula com um macho, que tinha laranjas em cada mão. A fêmea se ofereceu assim que viu os petiscos e, como esperava, saiu dali com várias frutas.[3]

Assim como os bonobos, também inúmeras pessoas têm uma disposição sexual além daquela necessária para procriar e perpetuar a espécie. Isso é uma realidade incontestável no mundo terreno, e não deve ser negada; é fato consumado.

Entretanto, não estamos aqui estimulando ou desencorajando nossos companheiros de jornada evolutiva à adesão a isto ou àquilo, na questão "**sexo que visa ganho**", "**sexo com prazer**" ou "**sexo somente para procriar**", mas simplesmente examinando e estudando as raízes da conduta humana e suas possíveis implicações ou consequências nos dias atuais.

Todos sabem que o ser humano só desenvolveu e/ou aperfeiçoou algo que já fazia parte de sua natureza íntima. Muitos indivíduos vivem entre o **desejo** sexual e a repressão social, o que podemos chamar de conflito ou enfrentamento interior, ou seja, a luta entre o instinto que há em todos e a sociedade que tenta domesticá-lo. A grande parte dos seres humanos é contida ou reprimida, e não propriamente virtuosa.

Séculos de repressão religiosa fizeram com que a maioria da humanidade se sentisse transgressora e culpada diante de Deus, quando lançava mão do sexo sem se importar com os preceitos da fé, que impunham à sexualidade um único objetivo: a procriação. Defensores dessa causa usam como exemplo o mundo animal, citando que muitas espécies têm ciclos sexuais bem delimitados. Ou seja: uma vez fora do período fértil, os animais não buscam o acasalamento, exemplificando que o sexo não tem função fora do cio.

O tratado etológico[4] surgiu com a finalidade de

FRANCISCO DO ESPÍRITO SANTO NETO | HAMMED

---

[4] Disciplina científica que estuda o comportamento dos seres vivos no seu meio natural, sobretudo dentro de uma perspectiva evolucionista. - Dicionário eletrônico Houaiss 3.0 - Junho de 2009.

estudar o jeito de agir inato das diversas espécies no seu *habitat,* ou em cativeiro. Tanto os estudiosos da **etologia tradicional**, quanto os pesquisadores da ecologia comportamental, também chamada **eco-etologia,** convidam todos a reexaminarem teses relativas à função da sexualidade. Os hormônios não se convertem. Não são adeptos de bulas pontifícias, regras e dogmas, e a observação dos primatas tem-nos ensinado que a busca do sexo por prazer é mais um traço da Natureza, quer aceitemos ou não.

Não pretendemos aqui bendizer ou maldizer essa ou aquela forma de ver a sexualidade. Somente propomos que todos nós repensemos as mudanças que se têm verificado nas concepções e conceitos ao longo dos tempos, pois é preciso utilizar de forma sistemática nossa **fé raciocinada.**

O ato sexual é a denominação dada à fase em que dois seres praticam uma ação física de junção dos seus órgãos sexuais. Na relação sexual não existe apenas uma troca de carinho, beijos e abraços que visam ao exclusivo prazer fisiológico, mas também uma permuta de recursos – mentais, emocionais, espirituais – que revigora mutuamente os enamorados, desde que entre eles haja respeito e interesse recíprocos.

No sexo, acontecem impressões íntimas que transitam entre os parceiros (refazimento, calma, realização, alento e ânimo), produzidas por meio de relação física harmoniosa. Essas impressões nascem da comunhão mental e emocional entre os dois, haja vista que as sensações humanas, além de químicas e fisiológicas, são ainda espirituais e psicológicas.

Precisamos distinguir as duas funções essenciais do instinto sexual: a **reprodutiva**, na qual ocorre junção e troca de material genético, que é um agente de reprodução; e a **nutriente**, geradora de alimentos imponderáveis, reconstituinte das forças espirituais das almas, que se alimentam mutuamente de tranquilidade, vigor, satisfação, entusiasmo e vivacidade.[5]

O campo de estudo da etologia permite-nos compreender melhor muitos aspectos do relacionamento dos seres humanos. É apenas desvelando a evolução do homem e voltando-nos para nossos parentes primatas que podemos ter ideia mais lúcida de todos os fatores que conduziram a humanidade até aqui.

Não é saudável mergulhar em comportamentos extremados. De toda maneira, instinto e/ou **desejo** sexual são inerentes à própria condição humana: são atributos que se referem aos indivíduos domiciliados na Terra; por isso, não merecem críticas ou censuras, mas estudo, exame e reflexão, até que todos nós possamos encontrar o equilíbrio sugerido por Paulo de Tarso: "Tudo me é permitido, mas nem tudo me convém"[6].

---

[5] Recomendamos aos interessados neste assunto a leitura do capítulo intitulado Sexo e Corpo Espiritual, item Alimento Espiritual do livro *Evolução em Dois Mundos*, ditado por André Luiz ao médium Francisco Cândido Xavier, FEB Editora.

[6] I Coríntios 6, 12.

NICOLAS CAMILLE FLAMMARION, astrônomo francês e amigo de Allan Kardec. Fundou a Société Astronomique de France em 1887. Seus trabalhos para a popularização da astronomia fizeram com que fosse agraciado, em 1912, com um prêmio da Legião de Honra.
(26/02/1842 - 03/06/1925)

capítulo 5

EMPATIA E SENSIBILIDADE

66 *Muitos de nós preferem descender de um Adão degenerado, antes que de um macaco aperfeiçoado. E, contudo, a Natureza não nos consultou a respeito.* **99** [1]

CAMILLE FLAMMARION

---

[1] Camille Flammarion, *Deus na Natureza*, 7ª ed., pág. 181, FEB Editora.

EMPATIA E SENSIBILIDADE

Face preta alargada, pequenas orelhas e largas narinas, lábios rosados e um longo, fino e "arranjado" cabelo preto, os bonobos aparentam ser um gracioso hominoide. Eles têm o corpo elegante, mãos de pianista e cabeça relativamente pequena. Seu rosto é mais achatado, mais aberto, e a testa mais alta que a dos chimpanzés. As fêmeas têm mamas não tão acentuadas como as da espécie humana, porém, mais arredondadas se comparadas ao "peito de tábua" de outros primatas. E, sobretudo, os bonobos têm a marca registrada do seu penteado: uma cabeleira negra repartida ao meio. Assim os descreve Frans de Waal.

Como os humanos, também os bonobos possuem uma enorme capacidade empática, ou seja, captam com facilidade diferentes papéis.[2] São extremamente perceptivos e capazes de discernir se os comandos dos pesquisadores se destinam a eles ou a outro membro do grupo.

Para ilustrar essa afirmação, é muito interessante o relato em que Kanzi, um bonobo ensinado para o exercício do processo de comunicação entre as pessoas, acaba passando de aprendiz a instrutor, sem que para isso tivesse recebido qualquer treinamento.

Entre outras ocorrências, destaca-se a sequência narrativa em que um pesquisador do Centro de Pesquisa

---

[2] Frans de Waal, *Eu, Primata - Por Que Somos Como Somos*, Companhia das Letras, pág. 17 e 18.

da Linguagem da Universidade do Estado da Geórgia, em Atlanta, tentava ensinar a Tamuli, irmã mais nova de Kanzi. Embora utilizando estruturas verbais simples, ele percebeu que ela não conseguia entender a ordem de comando.

Kanzi, compreendendo os gestos do instrutor, e percebendo a dificuldade da irmã, passou a ser um intérprete, ou seja, começou a traduzir com gestos e expressões (pegando a mão da irmã e ensinando-a) tudo aquilo que ela deveria pôr em ação.

Percebia-se, claramente, que Kanzi não estava executando o que era destinado a Tamuli, e sim, estava ensinando-a a fazer. Não era ele o aluno: era o professor.

Constatou-se, então, o ato solidário, ou seja, sua **sensibilidade**, quando notou que a irmã ignorava a manifestação da ordem que lhe era dada, ele usou de **empatia** para instruí-la.

Os pesquisadores afirmam que esse nível de capacidade de se identificar com algo ou alguém não é só encontrado em humanos, mas também em outros grandes primatas.

Os primatólogos dizem que os seres humanos têm em comum com parentes antropoides não apenas posturas de poder e sexo, mas também **sensibilidade** e **empatia**. Para além das semelhanças anatômicas, a estrutura psicológica do homem é muito similar à dos primatas em geral. A humanidade atual só aperfeiçoou algo que já constava em sua natureza.

Muitos indivíduos atribuem à *natura* só aquilo de que não gostam em si mesmos (defeitos e vícios) e nunca facultam a ela aquilo que admiram, como qualidades e habilidades éticas (dons e virtudes). Nascemos com uma predisposição inata, que nos faculta um **sentir benevolente** em relação aos outros e, como resultado, compadecer-nos deles. Isso se chama empatia, ou seja, **imaginar-se ou colocar-se no lugar do necessitado**.

Quando uma fêmea bonobo chamada Kuni viu um estorninho (pequeno pássaro) trombar com a vidraça de sua jaula no Zoológico de Twycross, na Grã-Bretanha, foi ajudá-lo. Pegou o estonteado passarinho e com delicadeza o pôs em pé. Ao ver que ele não se movimentava, deu-lhe um empurrãozinho, mas ele pouco mexeu as asas.

Kuni, então, subiu ao cume da árvore mais alta com a avezinha, usando apenas as pernas, a fim de ter as mãos livres para segurá-la. Abriu-lhe as asas, com cuidado, segurando-as estendidas entre seus dedos, e lançou-a pelos ares em direção aos limites de sua jaula. Ela, porém, não ultrapassou a barreira e aterrissou na beira do fosso. A fêmea desceu da árvore e montou guarda ao lado do estorninho por muito tempo, protegendo-o de um jovem bonobo curioso. No fim do dia, a ave, recuperada, voou em segurança para a liberdade.[3]

A moralidade nos vem naturalmente. É um equívoco acreditar que o código de valores morais do homem surgiu do nada, ou que é fruto apenas de heranças culturais, legados de antigas crenças, costumes ancestrais, tradições religiosas e filosóficas, ou mesmo de relatos mitológicos orientais e ocidentais. Foi a Natureza que criou as bases

---

[3] Frans de Waal, *Eu, Primata - Por Que Somos Como Somos*, Companhia das Letras, pág. 12.

para a vida em sociedade exatamente como a conhecemos, e não o homem. O ser humano só aprimorou algo que já constava em germe em seu foro íntimo. A unidade da Natureza é reflexo do Poder Celestial.

Deus não está apenas além de todos os céus no espaço incomensurável e desconhecido pelo homem, mas também imanente nas próprias Leis Naturais. Ele, o Princípio Criador, a Essência das coisas, também se manifesta através da *natura*.

Em concordância com essas reflexões, encontramos a Espiritualidade Maior afirmando textualmente em *O Livro dos Espíritos*[4]: "As leis divinas, estando escritas no livro da Natureza, o homem pôde conhecê-las quando as quis procurar; é por isso que os preceitos que elas consagram foram proclamados em todos os tempos pelos homens de bem e é por isso, também, que se encontram seus elementos na doutrina moral de todos os povos saídos da barbárie, embora incompletos ou alterados pela ignorância e superstição."

Todavia vislumbramos Deus, a "Alma do Universo",

---

[4] **Questão 626** – As leis divinas e naturais, não foram reveladas aos homens senão por Jesus, e antes dele, delas não tinham conhecimento senão por intuição?
– *Não dissemos que elas estão escritas por toda parte? Todos os homens que meditaram sobre a sabedoria puderam, pois, compreendê-las e as ensinaram desde os séculos mais remotos. Pelos seus ensinamentos, mesmo incompletos, eles prepararam o terreno para receber a semente. As leis divinas, estando escritas no livro da Natureza, o homem pôde conhecê-las quando as quis procurar; é por isso que os preceitos que elas consagram foram proclamados em todos os tempos pelos homens de bem e é por isso, também, que se encontram seus elementos na doutrina moral de todos os povos saídos da barbárie, embora incompletos ou alterados pela ignorância e a superstição.*

por trás das Leis Naturais, supervisionadas pelo Mestre Jesus no orbe terrestre, bem como a dedicação infatigável de seus assistentes espirituais administrando a "árvore evolutiva" e, por consequência, a formação das espécies. Os Espíritos colaboradores do Cristo dirigem os rumos da história da evolução dos seres vivos a fim de atingir metas sublimes e desígnios providenciais.

Diz Camille Flammarion[5]: "A existência do Espírito na Natureza, nas leis do cosmos, no homem, nos animais e nas plantas é manifesta. Ela deve bastar para estabelecer a religião natural. E tal religião será incomparavelmente mais sólida que todas as formas dogmáticas."

A moralidade, atributo que por muito tempo se acreditou ser, acima de qualquer outra coisa, humano, está presente em germe nos primatas não humanos. Há neles os embriões da moral, como altruísmo, carinho, bondade, **justiça**, solidariedade, reciprocidade, cooperação e até mesmo a noção de **gratidão**. Não que eles sejam seres morais como nós, na condição de humanos da atualidade; todavia, não há dúvida de que neles existem, de forma intrínseca, os instrumentos básicos com que se possa instituir um princípio ou edificar um sistema de ordem valorativa.

O modo como Kuni lidou com a ave foi diferente de qualquer outra coisa que ela teria feito para ajudar um indivíduo de sua própria espécie. Em vez de seguir algum tipo de comportamento estereotipado ou automático, ela adaptou seu auxílio à situação específica daquele animal

---

[5] Camille Flammarion, *Mémoires Biographiques et Philosophiques d'un Astronome*, Ernest Flammarion Éditeur, 1911.

frágil e totalmente diferente do seu grupo parental. É possível, que a observação dos pássaros que voavam perto de sua jaula tenha-lhe inspirado o tipo de ajuda necessária.

Cabe notar que a importância de nossa vida na vida das outras pessoas é de cunho universal. O **ato solidário** consiste em auxiliarmos a quem quer que seja, por meio de uma "identidade de sentimentos", sabendo que um dia poderemos precisar e ser ajudados da mesma maneira. Não se justifica considerar a **sensibilidade** como uma exclusiva qualidade feminina. A forma como tratamos nossos semelhantes pode criar um "tratamento-resposta" por parte deles. Devemos colocar a **empatia** em ação, lembrando que os outros precisam de nosso apoio tanto quanto nós mesmos precisamos do apoio deles.

Certos indivíduos vivem numa postura interna de "aceitação total dos sofrimentos da existência", afirmando que se "submetem tranquilamente aos infortúnios sem revolta". "Resignação" pode até parecer um nome adequado para tal situação, contudo nos esquecemos de que resignação não é um ato passivo de observação externa, nem mesmo uma postura de contemplação inerte. A resignação anda de mãos dadas com a empatia – é um processo dinâmico de aceitação onde o indivíduo acata os fatos e os outros tais como são, pois coloca-se empaticamente.

Determinadas pessoas são ditas resignadas por terem renunciado à vida de inter-relação, de realização pessoal, de desejo de afetividade e de união a dois. Na verdade, vivem numa aversão ao comprometimento, ou a qualquer empenho sério, retirando do seu campo visual interno tudo o que possa afrontar seu medo neurótico de amar, de relacionar, de envolvimento e de serem abandonadas.

Fazem isso, recusando-se inconscientemente a agir de forma empática, pois estão ligadas a processos de restrição patológica que as leva à mutilação do crescimento e do amadurecimento mental e espiritual.

Afirmam os antigos sábios: "A virtude não procura ser virtuosa; é precisamente por isso que ela é virtuosa". Há distinção entre a "virtude genuína ou inata" e a "virtude aprendida ou moralista", entre "resignação doentia" e a "real resignação".

Todos nós resistiremos aos solavancos da vida sem grandes embaraços, se sentirmos o conforto da atenção de uns para com os outros. Fica mais fácil enfrentar e resolver as dificuldades quando estamos em companhia de criaturas solícitas. Todos estamos juntos, não por acaso, mas por desígnio maior, dentro da conjuntura de um lar, profissão, escola, círculo de amigos, etc.

A **empatia** age em regime de interdependência. Dizia Mahatma Gandhi: "Um homem não pode fazer o certo numa área da vida, enquanto está ocupado em fazer o errado em outra. A vida é um todo indivisível". Compreender o que se passa com o outro é o que acaba levando à compaixão e, por fim, ao altruísmo, uma característica humana perpetuada pela evolução. Cooperar com o grupo é o que garantiu a sobrevivência da espécie.

"Uns **repartem** o que é seu e ficam mais ricos; outros arrebatam o que não é seu e são sempre mais pobres"[6]. Os atos solidários que fazemos neste mundo nos enriquecem e desenvolvem o autoconhecimento, aumentando-nos a capacidade de compreender e administrar nossas vidas.

---

[6] Provérbios, 11:24. Grifo nosso.

NICOLAS CAMILLE FLAMMARION, astrônomo francês e amigo de Allan Kardec. Fundou a Société Astronomique de France em 1887. Seus trabalhos para a popularização da astronomia fizeram com que fosse agraciado, em 1912, com um prêmio da Legião de Honra.
(26/02/1842 - 03/06/1925)

capítulo 6

COOPERAÇÃO E PARTICIPAÇÃO

66 *A hipótese zoológica que encara o homem como descendente de uma raça símia, antropoide, não é imoral nem antiespiritualística. Os que a abraçaram nestes últimos tempos não o fizeram com o propósito de hostilidade ao Cristianismo e por professarem doutrinas pagãs.* **99** [1]

CAMILLE FLAMMARION

---

[1] Flammarion, Camille. *Deus na Natureza*, 7ª ed., pág. 182, Feb Editora.

COOPERAÇÃO E PARTICIPAÇÃO

O Espiritismo crê no evolucionismo, que tem por causa uma Inteligência Superior, ao contrário do evolucionismo científico, que dispensa a Mão do Criador. Aceitamos como verdade, portanto, que todos nós, criações e criaturas – inclusive a própria lei da evolução –, somos dirigidos pela Sabedoria Universal. Aliás, é bom lembrarmos a frase **"nascer, morrer, renascer ainda e progredir sempre; tal é a lei"**, esculpida no frontispício do dólmen de Allan Kardec.

Na atualidade, os primatologistas dedicam incontáveis horas à pesquisa metódica ou à averiguação científica junto aos primatas no campo e em cativeiros, o que lhes permite investigar e instituir as bases evolutivas do comportamento humano.

Os estudiosos da conduta dos antropoides afirmam que, no ambiente selvagem, os chimpanzés caçam juntos, pois eles já notaram que um caçador solitário quase sempre não logra êxito. Isso, porém, não prova que essa espécie de primata, considerada a mais próxima do homem, perceba a **cooperação**, ou o auxílio mútuo, da mesma maneira que nós, os humanos. Observações científicas atuais demonstram, no entanto, pela primeira vez, que os chimpanzés entendem que o auxílio cooperativo é essencial para assegurar a eficácia de uma ação. Os estudos também mostram que eles, até mesmo sem a expectativa da recompensa ou do prêmio, estão dispostos a colaborar entre si para assegurar o sucesso comum diante de uma empreitada.

Grupos de antropólogos evolucionários contemporâneos[2] submetem chimpanzés a desafios cooperativos a fim de observarem suas reações e condutas. Os cientistas concluíram que, se esses animais percebem que dão conta da tarefa sozinhos, dificilmente pedem ajuda aos outros. Mas quando precisam de apoio, não vacilam: escolhem parceiros que tenham mais possibilidades e sejam mais participativos. Caso os selecionados estejam presos, eles abrem as fechaduras de suas jaulas e os liberam – por reconhecerem nos escolhidos a aptidão para a cooperatividade e por descobrirem que atuando juntos atingirão com mais facilidade o mesmo fim.

Não obstante essas experiências ofereçam o primeiro indício de participação intencional ou **cooperação consciente** fora da humanidade – e anunciem a probabilidade de que tais aptidões possam ter estado presentes em nosso ancestral comum há milhões de anos –, tal constatação não quer dizer que os chimpanzés consigam se comunicar explicitamente sobre um objetivo comum nem compartilhá-lo, como ocorre entre as criaturas humanas. Entretanto, aí estão os indícios da atuação conjunta entre os primatas não humanos para o alcance de objetivos comuns. De acordo com a confirmação dos pesquisadores, eles agiam, ainda que sem recompensa, sobretudo, visando a seus próprios fins e, continuavam colaborando entre si.

Reconhecer que também pertencemos à árvore dos primatas é o primeiro passo para entender a origem de

FRANCISCO DO ESPÍRITO SANTO NETO | HAMMED

---

[2] Pesquisas realizadas por Alicia P. Melis e Brian Hare no Instituto Max Planck de Antropologia Evolutiva, em Leipzig, Alemanha, e publicadas na *Science Magazine* de 3 de março de 2006.

nosso comportamento e mudar de vez a relação com a vida e com os semelhantes.

O corpo espiritual é quem modela o corpo físico, e tanto um como o outro foram estruturados através dos incontáveis séculos, de forma laboriosa e paulatina, e reelaborados em duas esferas distintas da vida (a física e a espiritual), sob a orientação dos instrutores divinos que supervisionam a evolução terrestre.

Nossa existência na Terra não funciona em regime de separação; em realidade, todos somos participantes de uma Natureza comum, pois tudo o que vemos tem ligação com nós mesmos e com todas as partes do planeta. Os mesmos fundamentos e processos naturais que cooperam para o benefício de uns, cooperam igualmente para o de outros.

É necessário compreender que temos um papel ativo e reativo no espetáculo da vida. Nossa **cooperação e participação** são imprescindíveis em quase todos os eventos e, por vezes, demoramos a perceber a complexidade da textura existencial. À medida que evoluímos, mais valorizamos nossa ação participativa no cenário universal.

Poucos de nós têm a felicidade de possuir uma clara consciência de nossa ligação com tudo o que é vivo. Temos dificuldade de dividir e prover. A avareza humana não se fundamenta apenas em reter a posse de recursos financeiros, mas também em conter, de modo automático e doentio os conteúdos da própria vida interior. O avarento tem uma sensação ilusória de prejuízo externo, quando, na verdade, o medo é o da perda dos valores internos, já quase inexistentes. Para o mesquinho, partilhar algo ou contribuir para o êxito do semelhante é ter agravada, ainda mais, a ideia fictícia de esvaziamento de bens de capital ou de consumo. Essa perda das coisas concretas representa, inconscientemente, uma subtração do que ele tem de mais íntimo.

Por trás do impulso de conter, existe uma impressão dolorida de empobrecimento, a criatura fica atravancada, agarrada às coisas perecíveis, sem vislumbrar a realidade transcendental que surge a sua frente. Nossa participação nos episódios de hoje terá seu impacto no amanhã de todos. Não podemos viver simplesmente para nós mesmos. Milhares de filamentos invisíveis ligam-nos a outros concidadãos planetários.

O que nos une além das fronteiras físicas diz respeito ao que fazemos em favor da vida das pessoas, da Natureza, enfim, do planeta como superorganismo pulsante, que os antigos chamavam de Gaia. Disse La Fontaine: "Toda força será fraca, se não estiver unida". Em algum lugar, ou de alguma forma, os eventos mais simples e os fatos aparentemente pueris constituirão partes fundamentais no caminho sagrado de toda a humanidade.

Vivemos atualmente a "ética da exclusão", e a Vida Maior nos convida a viver a "ética da solidariedade". Se formos descrentes quanto à eficácia da **cooperação**, basta imaginar o que aconteceria com um organismo dinâmico, cujos órgãos não trabalhassem em regime de comunhão recíproca.

Em 1863, em Paris, escreveu o espírito Henri Heine a respeito da parábola dos trabalhadores da última hora: "Tal é um dos verdadeiros sentidos desta parábola que encerra, como todas as que Jesus dirigiu ao povo, o germe do futuro, e também sob todas as formas, sob todas as imagens, a revelação **dessa magnífica unidade que harmoniza todas as coisas no Universo, dessa solidariedade que religa todos os seres presentes ao passado e ao futuro.**"[3]

Somos parte do conjunto planetário. Quando um cresce, não é só ele quem cresce, todos crescem. Pertencemos a muito mais do que nosso círculo de familiares, parentes ou amigos. De certa forma, quando contribuímos para a tarefa de um grupo, beneficiamos inimaginável número de criaturas. Trabalhar em equipe reflete o desígnio e o alvo de Deus para nós.

---

[3] Allan Kardec, *O Evangelho Segundo o Espiritismo*, cap. XX, item 3, p. 249, Boa Nova Editora. Grifo nosso.

HIPPOLYTE LÉON DENIZARD RIVAIL, educador, escritor e tradutor francês. Sob o pseudônimo de **Allan Kardec,** notabilizou-se como o codificador do Espiritismo (neologismo por ele criado), também denominado de Doutrina Espírita.

(03/10/1804 - 31/03/1869)

capítulo 7

PODER E POLÍTICA

*66(...)Os corpos melhorados, em
se procriando, reproduziram-se
nas mesmas condições,
como ocorre com árvores
enxertadas; deram nascimento
a uma nova espécie que,
pouco a pouco, distanciou-se
do tipo primitivo, à medida
que o Espírito progrediu.(...)99* [1]

A GÊNESE

---

[1] Allan Kardec, *A Gênese*, págs. 171 e 172, 3ª ed., Boa Nova Editora.

PODER E POLÍTICA

Existem ínfimas diferenças entre o DNA humano e o dos chimpanzés e bonobos; como somos todos primatas, há muito mais semelhanças do que diferenças, diz de Waal. Destas últimas, ele assevera, as principais são a linguagem e a família nuclear.

Aptidões linguísticas estão ausentes neles, entretanto podem aprender alguns princípios da linguagem, como, por exemplo, expressar-se por meio de símbolos, mas não conseguem nada além do que uma criança pequenina pode realizar. Outra diferença básica é que não possuem uma estrutura familiar mais ampla como na espécie humana. Os machos não estão envolvidos com os cuidados familiares, pois quem toma conta da subsistência das crias são só as fêmeas.

Os chimpanzés disputam o território e as coalizões para eles são essenciais. Descreve o primatólogo que "nenhum macho pode dominar sozinho, pelo menos não por muito tempo, pois o grupo como um todo pode derrubar qualquer um.

(...) manter-se no topo é um exercício de equilíbrio entre expressar veementemente a dominância, mantendo os aliados satisfeitos evitando uma revolta em massa".

Alguns membros do agrupamento buscam frutas e as "doam" para outros, com o intuito de serem escolhidos futuramente como líderes ou para conseguir o comando do grupo.

Se isso nos parece familiar é porque a política humana funciona exatamente da mesma forma.

Entre eles, é comum formarem aliança de amigos que se autoprotegem por toda a vida. Os mais altruístas ajudam doentes e idosos a se alimentarem. Eles também apresentam senso de justiça; por exemplo: se um chimpanzé se recusa a dividir seu alimento, o grupo o castiga, não o deixando chegar perto da comida numa próxima caçada.

Frans de Waal nos informa a respeito do relacionamento entre dois machos que disputam o **poder**.[2] Notou que o poderio é a alavanca motivadora dos chimpanzés machos; para eles o **poder** é um refinado afrodisíaco e que, além do mais, vicia. Os machos guardam ciumentamente seu cetro de comando e não se deixam amedrontar diante de ninguém que os possa afrontar.

A violenta batalha entre dois chimpanzés, o jovem Luit e o ancião Yeroen na luta pelo domínio, enquadra-se com perfeição na teoria psicológica da decepção-agressividade, ou seja, quanto maior for a frustração, maior será o ódio. Para Yeroen, além de tudo, aquela não fora a primeira peleja perdida para Luit. A ferocidade do ataque pode ter sido consequência do fato de ser a segunda vez que o velho macho perdera a liderança.

Na primeira vez em que Luit chegou ao topo da chefia, assinalando o fim do ***ancien régime*** (sistema **político**, econômico e social da monarquia francesa antes da revolução de 1789) – liderado por Yeroen –, relata de

---

[2] Frans de Waal, *Eu, Primata - Por Que Somos Como Somos*, Companhia das Letras, págs. 67 e 68.

Waal que ficou abismado ante a reação deste chefe destronado, costumeiramente imponente e majestoso que, depois da derrota, ficou irreconhecível. Em meio à disputa acirrada, ele assemelhava-se a um fruto podre caído de uma árvore, debatia-se com gritos de cortar o coração, como uma criança que, durante os surtos de chilique, olha de esguelha para a mãe em busca de sinais de acolhimento.

Yeroen reparava em quem se aproximava dele, esperando sempre ser reconfortado pelo resto do grupo. Se o bando à sua volta fosse grande e **poderoso**, em especial se incluísse uma fêmea alfa, ele ganhava valentia instantânea. Contando com os defensores ao seu redor, ele reacendia o confronto com o rival. Os faniquitos de Yeroen eram, sem dúvida, mais um exemplo de hábil manipulação. O que mais fascinou o brilhante cientista foram os paralelos que fazia com a cena de apego infantil, observados com clareza em expressões como "**agarrar-se ao poder**" e "**ser desmamado do poder**".

São pontes utilizadas pelo autor para caracterizar a natureza do poder. Destronado do seu pedestal, aquele macho manifestava a mesma reação de uma criança pequena, quando lhe tiramos a chupeta ou seu brinquedo favorito. Quando Yeroen percebeu finalmente que perdera a liderança, sentou-se desanimado fitando o vazio, com um olhar inexpressivo. Alheio à atividade social ao seu redor, recusou comida por semanas. De Waal chegou a pensar que o símio estivesse doente, mas o veterinário não encontrou problema algum. O antropoide era uma pálida sombra do chefão imponente que fora. Ao perder o mandato, ele perdeu a alegria de viver.

Encontramos na própria sociedade humana, em

muitas ocasiões, transformações drásticas como essa acima descrita, notadas de modo claro em pessoas que perderam o *status* social ou o lugar de comando. Adotam uma postura completamente diferente daquela arrogância que exibiam antes. Ficam parecendo anos mais velhas, demonstram uma linguagem corporal lânguida, um estado de abatimento e uma grande fraqueza física e mental.

Em *O Livro dos Espíritos*, a Espiritualidade faz referência a uma primitividade que ela denomina de estado de natureza. E explica "(...) estado natural é a infância da Humanidade e o ponto de partida de seu desenvolvimento intelectual e moral. O homem, sendo perfectível, e carregando em si o germe de seu aperfeiçoamento, não está destinado a viver perpetuamente no estado natural, como não está destinado a viver perpetuamente na infância. O estado natural é transitório e o homem dele se liberta pelo progresso e pela civilização."[3]

Muitos homens, porém, vivem até agora num estágio infantil trazido de sua ancestralidade, presos ainda a um "estado de natureza", quase sem nenhum desenvolvimento intelectual e moral.

FRANCISCO DO ESPÍRITO SANTO NETO | HAMMED

---

[3] **Questão 776** – O estado natural e a lei natural são a mesma coisa?

– *Não, o estado natural é o estado primitivo. A civilização é incompatível com o estado natural, ao passo que a lei natural contribui para o progresso da Humanidade.*

O estado natural é a infância da Humanidade e o ponto de partida de seu desenvolvimento intelectual e moral. O homem, sendo perfectível, e carregando em si o germe de seu aperfeiçoamento, não está destinado a viver perpetuamente no estado natural, como não está destinado a viver perpetuamente na infância. O estado natural é transitório e o homem dele se liberta pelo progresso e pela civilização. A lei natural, ao contrário, rege a Humanidade inteira, e o homem se aperfeiçoa à medida que compreende melhor e pratica melhor essa lei.

A necessidade de autoridade e de prestígio que encontramos em inúmeros homens, seja nos círculos religiosos, **políticos**, profissionais, seja nos esportivos, filantrópicos e outros tantos, decorre de uma "aspiração de dominar" ou de um "sentimento alfa", pois somos herdeiros biológicos/espirituais dos primatas das florestas de quem todos descendemos. Essa necessidade é proveniente, também, do complexo de inferioridade que desenvolveram em outras etapas existenciais. São mentalidades adquiridas em vidas pretéritas, ou mesmo na presente, na convivência com familiares egomaníacos e de baixa autoestima.

Há certas almas humanas, insaciáveis de atenção e controle, que precisam supor-se superiores para compensar a crença na sua suposta insignificância ou falta de sentido em que vivem. Inferioridade, disputa e rivalidade formam um núcleo central em sua vida, cujo objetivo primordial é obter domínio sobre tudo e sobre todos.

Seria uma visão por inteiro equivocada e reducionista presumir que tais fenômenos humanos são apenas subprodutos de processos econômicos e sociais; muito pelo contrário, o desenvolvimento de tais complexos é ancestral e/ou primitivo e modela personalidades, tornando-as cada vez mais ávidas pelo domínio e controle sobre tudo o que existe. Alegar categoricamente que a busca do poder é sempre errada é tão incorreto quanto afirmar que está sempre certa. De modo que não há erro algum em buscar competição e disputa de **poder**, desde que essa busca não seja baseada em ameaça, chantagem e sedução, mas, sim, conquistada por mérito ou qualidades morais e/ou intelectuais.

Não existe problema algum em competir e concorrer, nem aspirar aos feitos das pessoas e/ou almejar por igual sucesso; a única falta ocorrerá se utilizarmos um modo destrutivo de competição e métodos **de politicagem** que produzam danos e efeitos negativos à sociedade.

Em muitos momentos, as criaturas tentam contrabalançar seu sentimento de inferioridade, abraçando modos de viver em que superestimam ou exaltam a própria personalidade. Arrogância, porte megalomaníaco e ostentação desmedida fazem parte do séquito daqueles que possuem uma disputa pelo **poder** interiorizada de baixa autoestima.

Alma humana alguma é superior ou inferior a outra, e sim mais ou menos experiente do que outra. Se há algo que nos torna superiores é a nossa capacidade de amar e pensar, e nunca a de impor e decidir de modo arbitrário.

O apóstolo Lucas, no capítulo 22, versículo 46, de seu Evangelho, esclarece sobre as raízes das tentações: *"(...) e disse-lhes: Por que estais dormindo? Levantai, e orai, para que não entreis em tentação!"*

A tentação do poder não é, de modo geral, um agente externo, praticado pelos maus espíritos, atraindo-nos para o desequilíbrio. Nossos hábitos atávicos é que gritam no íntimo de nós mesmos, impulsionando-nos a perpetuar os costumes do poder desmedido e as viciações do comando. A tentação de subjugar sempre aparecerá enquanto estivermos no estado de sono, "dormindo", quer dizer, invigilantes, displicentes, inconsequentes. Ninguém é tentado, se não trouxer a tentação dentro de si mesmo.

O poder seduz o ignorante, o cidadão despreparado e todos aqueles que caminham sem objetivo maior, mas querem, a qualquer preço, sentir-se importantes.

NICOLAS CAMILLE FLAMMARION, astrônomo francês e amigo de Allan Kardec. Fundou a Société Astronomique de France em 1887. Seus trabalhos para a popularização da astronomia fizeram com que fosse agraciado, em 1912, com um prêmio da Legião de Honra.
(26/02/1842 - 03/06/1925)

BODE EXPIATÓRIO
E RAÍZES

95

"(...) Esta convicção, adquirimo-la no exame e análise dos fenômenos da Natureza. Para nós, Deus não está fora do mundo, nem a Sua personalidade se confunde na ordem física das coisas. Ele é o pensamento incognoscível, do qual as leis diretivas do mundo representam uma forma de atividade.(...)**"** [1]

CAMILLE FLAMARION

---

[1] Camille Flammarion, *Deus na Natureza*, 7ª ed., pág. 394, FEB Editora.

BODE EXPIATÓRIO
E RAÍZES

A estratégia psicológica conhecida como **bode expiatório** é utilizada pela humanidade de tempos em tempos, para não se autorresponsabilizar pelas escolhas nem pelas consequências de seus próprios atos. Os indivíduos não querem ser punidos pelos seus desacertos e, por esse motivo, escolhem uma "vítima simbólica" para eximir-se dos delitos que todos podem cometer.

Transcrevemos, com novas palavras, as ideias centrais de um texto contido em *Eu, Primata – Por Que Somos Como Somos*, a respeito de uma fêmea chamada Black, tida como alvo para aliviar as tensões entre os chimpanzés de Arnhem. Toda coletividade[2], comenta o cientista de Waal, tem seus **bodes expiatórios** – pessoas ou coisas sobre as quais recaem as culpas ou quaisquer problemas de outros. Os casos mais radicais vistos por ele pertencem ao grupo dos símios.

Mas não há como negar que a transferência da culpa para o **bode expiatório** é uma das mais básicas, mais intensas e mais inconscientes atividades involuntárias dos homens e também de muitos outros animais, tanto que se pode considerar, sem correr risco de erro, que se trata de um comportamento instintivo.

Diz o primatologista que aquela fêmea (Black) era agredida com tanta frequência, que chamavam o canto

---

[2] Frans de Waal, *Eu, Primata - Por Que Somos Como Somos*, Companhia das Letras, pág. 200.

para onde ela costumava fugir de "o canto de Black". Ela se acocorava e o resto do grupo a rodeava, a maioria apenas grunhindo e ameaçando, mas alguns a mordiam e arrancavam tufos de seu pelo. Entre eles nada mais fácil do que se voltar em massa contra algum indivíduo inferior na escala hierárquica do grupo. Não adiantava querer remover ou acudir o "saco de pancadas", pois no dia seguinte outro elemento estaria ocupando o seu lugar.

Tudo mudou quando a fêmea Black teve sua primeira cria, pois o macho alfa protegia o filhote. O resto do bando continuava a tratar a família de Black com agressividade, portanto ameaçavam e rugiam também para o recém-nascido. Este, porém, como contava com a proteção do pai dominante, nada tinha a temer, e parecia perplexo diante de tanto ruído e barulho. Black, a mãe, observando a segurança do filho, mantinha-se ao seu lado sempre que surgiam perigos e adversidades, pois, assim, não a hostilizavam também, conclui de Waal.

Existe uma tendência ou compulsão em criar um receptáculo onde se jogam todas as tensões do bando.

Entre os homens, há também muitas "Blacks", em quem aliviamos nossas ansiedades e/ou angústias, nossos desajustes íntimos e tensões nervosas, agindo como se essas emoções não nos pertencessem. Escolher alguém como "mártir social" tem tudo a ver com a projeção – mecanismo de defesa do ego que reduz a ansiedade por permitir a manifestação de impulsos inconscientes, indesejados ou não, fazendo com que a casa mental consciente não os reconheça.

Um exemplo comum de tal conduta é culpar determinada criatura por um fracasso próprio. A periodicidade do

bode expiatório deve-se à rememoração de compulsões atávicas existentes no ser humano. No grau evolutivo do homem atual, essa prática atende a utilidades primordiais, iguais às que atendem nos primatas não humanos. Uma delas, existente tanto no homem quanto nos chimpanzés, é extravasar agitações mentais e estados tensionais.

Ao investir contra um inocente fraco, o agressor se expõe a menores riscos e perigos do que bater-se corpo a corpo com indivíduo mais forte e poderoso. Outra utilidade – essa existente apenas no homem – é que, enquanto se ameaça e surra a vítima a ser supliciada, supostamente se fortalecem os objetivos patológicos e interesses insanos.

Quando a criatura possui consciência lúcida, ela não mais busca um **bode expiatório**, ou seja, não projeta em alguém erros ou desejos; antes assume, pois entende que é um ser em evolução. Ela não mais precisa ser impecavelmente correta, nem fazer dos outros alvos de seus infortúnios. Apenas admite seus pontos fracos e deixa de demonizá-los, passa a lidar com eles em termos de experiência evolutiva, e não os arremessa para fora.

Preconceito, **bode expiatório** e minoria andam de mãos dadas. São interligados e estruturados por ideias, opiniões ou sentimentos hostis a respeito de determinado grupo humano ou social que esteja em número menor, ou em condição de dependência ou inferioridade sócio-econômica, política, física ou cultural, em relação a outro grupo, que é majoritário ou predominante.

Criar vínculos de respeito, de compreensão e de amor à diversidade e formar hábitos de integridade humanística, que as religiões e filosofias recomendam, já fazem parte das **raízes** de nossa condição humana. Não precisamos coagir ou forçar a conduta do homem, somente estimular aptidões preexistentes. Os mecanismos de defesa do ego são processos subconscientes desenvolvidos pela individualidade, os quais possibilitam à casa mental solucionar tensões, ansiedades, hostilidades, impulsos agressivos, ressentimentos e frustrações não resolvidos na área consciencial.

Transformar alguém em "**saco de pancadas**" ou em **bode expiatório** é uma forma de utilizar inconscientemente esses mecanismos. Eis aqui os cinco mais frequentes:

1-Por intermédio do **deslocamento**, transferimos sentimentos de um alvo para outro, que é considerado menos ameaçador ou neutro. Arquitetamos um desvio psicológico, uma alternativa para os impulsos que não podemos expressar claramente. Exemplos: a criança que desloca a mágoa pelos pais destruindo seus brinquedos; ou o empregado que não pôde manifestar seu rancor contra seu gerente e, em contrapartida, na família ou na via pública, desloca sua raiva discriminando e destratando pessoas por meio de palavras insultuosas.

2-Mediante a **compensação**, encobrimos uma fraqueza real ou sentimentos impróprios, exagerando qualidades e características que consideramos mais aceitáveis socialmente. Também denominada de processo de **formação reativa** – substituir comportamentos que são diretamente opostos à emoção real –, é uma inversão inconsciente por ignorar a verdadeira emoção ou para escondê-la. Exemplos: procuramos camuflar nossas inseguranças e dúvidas tomando uma postura de "dono da verdade" diante de qualquer situação cotidiana; ou o jovem que "assovia no escuro", tentando demonstrar segurança e tranquilidade, enquanto atravessa, sozinho, um bairro isolado e distante de sua casa.

3- Pelo emprego da **projeção**, livramo-nos de aspectos da personalidade, deslocando-os de dentro de nós para o meio externo. A intimidação é vista como se fosse uma força externa. A pessoa não consegue lidar com sentimentos reais, não admite que a ideia ou o comportamento temido sejam dela mesma. Pesquisas psicológicas relativas aos mecanismos dos preconceitos ou **bodes expiatórios** mostraram que as pessoas que tendem a estereotipar outras revelam diminuta percepção de seus próprios sentimentos.

As que negam ter um determinado traço de personalidade são sempre mais críticas em relação a esse mesmo traço, quando o encontram nos outros. Exemplos: alguém que afirma continuadamente que "todo mundo é desonesto" encontra-se, na realidade, projetando nos demais sua própria característica; ou mesmo, quando alguém afirma que "as pessoas só pensam em sexo", está jogando para fora aquilo que se encontra mal resolvido dentro de si mesmo.

4- Através da **introjeção**, incorporamos de forma imaginária uma pessoa, interiorizamos características de alguém que admiramos, inserimos o indivíduo com suas boas qualidades e glórias, participando imaginariamente de suas realizações e seguindo a "luz de sua estrela". Exemplos: o jovem que corta seu cabelo como o de um astro, para se parecer com ele; ou o idoso que veste roupas iguais às de um jovem ator, para voltar à juventude.

5- Por meio da **racionalização,** tentamos achar motivos lógicos e razoáveis para justificar atitudes e ações recriminadas e também para encontrar bons motivos para desculpar o que basicamente sabemos que está errado. Exemplos: o jovem, que foi recusado pela namorada, diz "ela nem era tão boa assim, era até feia; não sei como fui gostar dela"; ou o alcoólatra que afirma "eu bebo para afogar as mágoas do meu casamento fracassado".

Atos e atitudes não acontecem por acaso. Nossa conduta atual reflete as experiências de ontem, e suas estruturas estão presas na vastidão dos tempos. Em momento algum nos separamos completamente de nossas **raízes**, estamos junto delas para sempre, e elas nos inserem no presente. Isso não significa, contudo, que os seres humanos devam lançar-se sobre tais pulsões ou deixar-se dominar ou escravizar por elas, pois o objetivo da humanidade é o desenvolvimento e o progresso. E nós não conseguiremos atingir tais objetivos enquanto estivermos dominados por nossas tendências inconscientes, que nos conduzem automaticamente a comportamentos multimilenares.

HIPPOLYTE LÉON DENIZARD RIVAIL, educador, escritor e tradutor francês. Sob o pseudônimo de **Allan Kardec**, notabilizou-se como o codificador do Espiritismo (neologismo por ele criado), também denominado de Doutrina Espírita.

(03/10/1804 - 31/03/1869)

capítulo 9

EROTISMO E SOCIEDADE

❝(...) Como não há transição brusca na Natureza, é provável que os primeiros homens que apareceram sobre a Terra devem ter pouco diferenciado do macaco pela forma exterior, e, sem dúvida, não muito mais pela inteligência. (...)**❞** [1]

ALLAN KARDEC

---

[1] Allan Kardec, *A Gênese*, 3ª ed., pág. 172, Boa Nova Editora.

EROTISMO E SOCIEDADE

Eduard Tratz e Heinz Heck[2] foram os cientistas que nomearam de forma especial os bonobos (antes chamados chimpanzés-pigmeus) e também se dedicaram à pesquisa de como eles se acasalavam. Foram esses mesmos pesquisadores que recorreram ao latim para explicar sutilmente à sociedade da época que os chimpanzés acasalavam-se *more canum* (como cães) e os bonobos, *more hominum* (como humanos).

Os bonobos não só fazem sexo em uma infinidade de posições, como também com diversos parceiros. De Waal nos informa que os bonobos refutam o hábito de que o sexo se destina apenas à procriação e calcula que três quartos de suas atividades sexuais não têm relação alguma com o ato de procriar, ao menos não diretamente, pois, com frequência, envolvem-se com membros do mesmo sexo ou buscam fêmeas fora do cio, da fase fértil.[3]

A espécie distingue-se por uma cultura matriarcal e igualitária, e a atividade sexual tem papel proeminente em sua sociedade. Nesse tipo de cultura, as fêmeas tendem a dominar os machos coletivamente através da formação de alianças e usam sua sexualidade para o controle do sexo oposto. A classificação de um macho na hierarquia social é determinada pela classificação de sua mãe.

---

[2] Nota da Editora - O nome bonobo aparece em 1954, quando Eduard Tratz e Heinz Heck propuseram um novo termo genérico para designar esses símios, antes denominados chimpanzés-pigmeus.

[3] Frans de Waal, *Eu, Primata - Por Que Somos Como Somos*, Companhia das Letras, págs. 116 e 117.

Na comunidade dos bonobos, a vida é centrada na fêmea, que é a líder, e os machos continuam ligados à sua mãe a vida inteira. Esses símios são usados como exemplo de vida pacífica, passam muito tempo fazendo chamego uns nos outros. São comuns os casos em que eles se envolvem em carícias e afagos como artifício de pedido de perdão depois de pequenas brigas. Ou seja, a resolução de conflitos, o "fazer as pazes" com seus semelhantes é o forte desses símios, diferentemente dos chimpanzés, cuja sociedade é dominada por machos e a tensão da perda do poder é sempre muito alta.

Na coletividade dos chimpanzés, o macho alfa determina pela força o seu direito de copular com as fêmeas do seu harém. São conhecidos como caçadores ardilosos e utilizam complexas estratégias de caça, sendo capazes, inclusive, de se alimentar de outros pequenos macacos. Já os bonobos são herbívoros e alimentam-se basicamente de frutas e outros vegetais.

Ter parentesco próximo com duas sociedades completamente diferentes é a chave mais útil para a compreensão da biologia humana e da evolução. O chimpanzé, brutal e sedento de poder, contrasta com o pacato e erótico bonobo; como dizem seus pesquisadores mais atuantes, as personalidades de chimpanzés e as de bonobos estão incutidas no homem. Nossa natureza é um casamento incômodo dos dois.

Se confrontos surgirem em seu reino íntimo, não os atribua ao acaso, acredite, tudo tem a sua importância de ser e nada acontece em nossa intimidade de modo fortuito ou aleatório.

Socialmente, comungamos com os chimpanzés a agressividade, o comportamento territorial, o gosto pelo poder e a dominância dos indivíduos do sexo masculino; mas também compartilhamos com os bonobos certos traços como o alto nível de empatia e a tendência à resolução dos conflitos por outras vias que não as da força. É por esse contraste que o primatologista e etólogo holandês gosta de dizer que o homem é um animal bipolar.

Frans de Waal, membro da National Academy of Sciences e da Academia Real Holandesa de Ciências, a maior autoridade mundial no campo da cognição primata, afirma com muita competência que, entre os bonobos, existem numerosos **padrões eróticos** que nada têm a ver com a reprodução, incluindo não só o beijo na boca, felação, estimulação manual dos órgãos genitais, relação sexual com parceiros do mesmo sexo e outras tantas condutas observadas em cativeiro e em seu *habitat*, e que ocorrem diariamente na vida social desses primatas.

Para eles, o único tabu é sexo entre mães e filhos. Essa diversidade de **erotismo** é espantosa e, muitas vezes, tem sido constrangedor colocar os bonobos em visitação pública. Alguns especialistas e estudiosos, quando se referem às suas atividades em palestras, sentem-se tão embaraçados que falam por enigmas.

A respeito dessa atitude comedida, de Waal comenta que já viu conferencistas rotularem os bonobos de "muito afetuosos" ao descreverem condutas por eles julgadas impróprias para menores de dezoito anos em qualquer cinema. É como falar de sexo, evitando referir-se ao seu próprio nome. É como ouvir uma reunião de padeiros que decidissem abolir a palavra "pão" de seu vocabulário, recorrendo a rodeios e circunlóquios[4]. Usar eufemismos

---

[4] Nota da Editora - Uso excessivo de palavras para tratar de um assunto, rodeando-o, sem ir ao ponto, sem objetividade.

melindrosos não tem lugar no discurso científico, afirma o primatólogo.

Ressalva: a questão da sexualidade continua a ser assunto tabu para muitos pais, religiosos e mesmo para universitários e doutores. Viver em passividade – fingindo que sexo nada tem a ver com as criaturas – não é e nunca foi o melhor caminho para entender ou compreender os conflitos de comportamento.

De Waal não tem a intenção de provocar em alguém a impressão de que o bonobo é um animal patologicamente hiperssexual; ele explica essa questão dizendo que a atividade sexual dos bonobos é muito comum, bem mais do que a dos seres humanos. Como os homens, eles também fazem sexo apenas ocasionalmente e não sem parar; em vez de uma interminável devassidão, o que vemos é uma vida social temperada por breves momentos de intimidade sexual. No entanto, ter esse parente próximo tão sensual traz intimidação e ameaça para o modo como vemos nossa própria sexualidade.

Aliás, quando falamos de sexo, é bom lembrar que não foi a perversidade nem a maldade que nasceu no dia em que Eva ofereceu a Adão a maçã; o que nasceu naquele dia foi uma esplêndida virtude chamada contestação. Contestar é pôr em dúvida a veracidade de algo por querer saber mais, é questionar alguém a respeito de alguma coisa que não se aceita como válida. A liberdade de consciência é valiosa. O livre-arbítrio é semente da ação. Quanto mais interpelamos os outros sobre as coisas que desconhecemos e não aceitamos, mais fácil fica entendê-las.

Em muitas ocasiões, temos a impressão de saber o que pensamos que sabemos. Por mais sólidos que pareçam os conceitos sociais e sexuais, o nosso conhecimento a respeito deles pode se ampliar em vez de ficar como uma pressuposição bem-sucedida. Criaturas comuns agarram-se a paradigmas sociais tanto quanto cientistas se apegam aos paradigmas acadêmicos, e com a mesma intensidade os religiosos se atiram sobre os paradigmas ou os dogmas de sua crença.

Tememos repensar nossos padrões sexuais com receio de que eles estejam completamente inválidos ou obsoletos, engalfinhamo-nos profundamente neles e perdemos muitos anos defendendo-os com todas as forças. É compreensível que não queiramos nos sentir vazios e frustrados, por isso, em muitas ocasiões, relutamos legitimar nossos valores íntimos, negando sua invalidade e esterilidade.

Quem nega ter traços agressivos e libidinosos em sua intimidade, termina, no fundo, escamoteando, mas potencializa sua agressividade e sexualidade na vida social. Isso tudo faz parte de nossa estrutura psicológica e de nosso grau evolutivo. Devemos assumir total responsabilidade diante de nossa ambiguidade, ou seja, devemos desfazer a ideia de que temos uma natureza animal por completo desvinculada de uma natureza social.

Fisicamente elas parecem ser separadas, quando se tem uma inconsciência do fenômeno, porém, estão juntas o tempo inteiro e, se não percebidas, tornam-nos vulneráveis e nos induzem a uma série de impulsos e desejos, que desembocam em atitudes involuntárias ou inconscientes. Que atitudes são essas que não vemos com clareza?

Esclarecendo melhor, os homens, sem que percebam, vivem numa enorme feira social de produtos eróticos.

Eles compram o **erotismo** dos filmes atuais, das modas e figurinos, das roupas íntimas, dos modelos e manequins, das literaturas e artes, dos trajes de banho. Sem se dar conta, dizem possuir uma postura *sexy* ou um poder *sex appeal*[5], ignorando o significado desse termo, mas apontam e julgam horrorizados os indivíduos lascivos e os símios devassos.

Algumas expressões são evasivas ou paliativas; são subterfúgios inventados pelo homem para que ele não entre em contato com os significados reais de certos fatos externos. Existem meios hábeis e sutis para escondermos a verdadeira razão de determinados comportamentos. Como por exemplo, muitos indivíduos dizem: sexo é uma forma de aliviar um dia estressante; casais só se reconciliam na cama; você hoje está mais sensual; ninguém melhor que as mulheres para usar seu poder de sedução.

Os papéis sexuais, anos atrás, eram claramente definidos diante da sociedade vigente. O masculino era defensor, categórico, insensível conclusivo, provedor, definitivo, convincente e persuasivo. O feminino era submisso, bondoso, compreensivo, flexível. Por que o homem não poderia plantar flores, chorar, tocar piano, cozinhar e gostar de ópera ou balé? Por que a mulher não poderia ser taxista, trabalhar no mercado financeiro, jogar futebol, ser provedora do lar, halterofilista e dirigir tratores?

Qualquer irregularidade ou afastamento desses papéis claramente determinados era considerado anomalia ou desvio de conduta, levando os indivíduos a pisarem em areia movediça. Poucos faziam objeção ou qualquer

---

[5] Nota da Editora - *Sex appeal* (inglês): capacidade de atrair e excitar as pessoas sexualmente; sexualmente sugestivo ou erótico; encanto sensual.

questionamento quando se tratava de tais condutas, embora muitas criaturas se sentissem pouco confortáveis enquadradas nelas. Até mesmo os testes vocacionais – que mostravam e/ou enfatizavam os lados psicológicos do comportamento e das motivações humanas – eram estabelecidos a partir de conceitos tendenciosos e obsoletos, puro convencionalismo preconceituoso.

A realidade é infinitamente maior do que os códigos sentenciosos e puritanos. Preveniu Jung: "Não se pode mudar aquilo que interiormente não se aceitou. A condenação moral não liberta; ela oprime e sufoca. Se eu condeno alguém, não sou seu amigo e não compartilho de seus sofrimentos; sou o seu opressor"[6].

O amor cristão não considera os papéis preestabelecidos. Anima homens e mulheres a desvendarem suas peculiaridades naturais, a descobrirem sua essência, a manifestarem suas características distintivas e fundamentais, sua unicidade como seres humanos. A partir daí, todos se respeitam e vivem felizes, não só por terem maior lucidez e livre-arbítrio, mas também pela dignidade e altivez de terem um amplo e pleno amor.

Sábio é aquele que está sempre à procura da renovação de conceitos, pois possui consciência de que ignora muitas coisas e busca sempre mais. Com o tempo, podemos perceber o quanto a ignorância cansa, ou quanto nos cansou o fato de ignorar. Sabedoria com "validade vencida" volta a ser de novo ignorância.

---

[6] Carl Gustav Jung, *Obras Completas - vol. XI,* Editora Vozes.

HIPPOLYTE LÉON DENIZARD RIVAIL, educador, escritor e tradutor francês. Sob o pseudônimo de **Allan Kardec**, notabilizou-se como o codificador do Espiritismo (neologismo por ele criado), também denominado de Doutrina Espírita.

(03/10/1804 - 31/03/1869)

capítulo 10

ALEGRIA E BRINCADEIRA

> **"** (...) As ideias religiosas, longe de perderem, engrandecem-se, caminhando com a ciência; esse é o único meio de não apresentarem, ao ceticismo, um lado vulnerável. **"** [1]

O LIVRO DOS ESPÍRITOS

---

[1] Allan Kardec, *O Livro dos Espíritos*, 7ª ed., pág. 69, Boa Nova Editora.

ALEGRIA E BRINCADEIRA

Pan é a designação de gênero comum aos primatas, do qual fazem parte os bonobos e os chimpanzés. *Pan* deriva do deus grego da floresta (Pã), representado com orelhas, chifres e pernas de bode. Residia em grutas e vagava pelos vales e montanhas, caçando ou dançando com as ninfas, libertino e brincalhão; Pã era amante da música e trazia sempre consigo uma flauta.

A denominação de espécie do bonobo, *paniscus*, significa "diminuto"; enquanto a do chimpanzé, *troglodytes*, designa "morador das cavernas". São cognomes bem curiosos: o de um pequeno semideus caprino para o bonobo, e o de um semideus caprino das cavernas para o chimpanzé.[2]

Certifica Frans de Waal que para os chimpanzés, a hierarquia estável e bem definida elimina choques e enfrentamentos e, com isso, as tensões e confrontos tornam-se esporádicos, pois os subordinados evitam conflitos, e os superiores não têm motivos para buscá-los. Todos saem ganhando. Podem andar juntos, fazer *grooming*[3] uns nos outros e brincar relaxados e tranquilos, porque ninguém se sente ameaçado.

Ressalva: a natureza de cada governo é determinada pelo número dos detentores de poder. Podemos dizer que

---

[2] Frans de Waal, *Eu, Primata - Por Que Somos Como Somos*, Companhia das Letras, pág. 20.

[3] *Grooming*: Hábito de afagar a pele ou os pelos e catar ectoparasitas.

os bonobos vivem um regime democrático, aquele em que o corpo da comunidade, ou apenas uma parte dela, detém a força suprema; os chimpanzés vivem em regime arbitrário ou ditatorial, aquele em que a administração ou chefia é mantida por meio de leis autoritárias e brutas. A democracia depende da liberdade de expressão e o despotismo do medo.

Quando Frans de Waal vê chimpanzés na diversão e folia, atropelando-se com **"cara de brincadeira"** (boca escancarada e vocalizações semelhantes a uma gargalhada), puxando as pernas e cutucando uns aos outros, ele avalia que o grupo está em paz, porque sabe quem domina quem. Como tudo está decidido, eles podem caminhar e se divertir isentos de sobressaltos, inquietações ou excitação. Mas, assim que um deles resolve desafiar a ordem vigente, a **brincadeira** é posta de lado.[4]

Pertence a de Waal, também, o relato de uma brincadeira em que os chimpanzés jovens de laboratório atraíam galinhas com migalhas para perto de uma cerca. Toda vez que as ingênuas galinhas se aproximavam, os chimpanzés batiam nelas com um pau ou as cutucavam com um arame aguçado. Essa **"brincadeira de mau gosto"**, da qual as galinhas, tolas o bastante, tomaram parte, fora arquitetada pelos chimpanzés para espantar o tédio, o enfado. Refinaram-na a ponto de um deles jogar a isca e o outro só bater. Da mesma forma, vemos atitudes iguais quando meninos ou adolescentes atiram pedras em animais, pássaros a voar ou patos em lagoa; os grandes primatas, às vezes, causam dor apenas para brincar e divertir-se.[5]

[4] e [5] Frans de Waal, *Eu, Primata - Por Que Somos Como Somos*, Companhia das Letras, págs. 80 e 15, respectivamente. Grifo nosso.

Ressalva: nos dias atuais, sabemos que o convívio com os animais de estimação pode ser muito enriquecedor para o desenvolvimento na infância; todavia, vemos crianças atormentando-os com brincadeiras agressivas, tais como puxar-lhes a orelha e o rabo, as quais, além de machucá-los, podem torná-los agressivos.

Ainda de acordo com o professor, os seres humanos já foram chamados *Homo ludens*, pois têm elementos lúdicos em sua intimidade. Somos considerados "primatas brincalhões", graças ao nosso gosto pela dança, cultura, jogos e esportes. A sociedade dos bonobos adquire habilidades e formas de aprender através de brincadeiras constantes, quer as façam sozinhos, com amigos, ou mesmo como um preâmbulo do sexo.

De fato, as brincadeiras parecem ser a chave para esses primatas resolverem problemas e evitarem confusões grupais. Assim como os bonobos, chimpanzés infantis são muito tolerantes, brincalhões e pacíficos. Quando eles entram na puberdade, modificam-se.

No entanto o que acontece com os bonobos adolescentes? Nada! As brincadeiras como esconde-esconde, correr, pular, zombar, gracejar e demais jogos permanecem as mesmas. Eles possuem um eterno lado moleque – um complexo de Peter Pan.

Há muito tempo se pensou que os bonobos são "*neotenous*"[6] em comparação com os chimpanzés. Isso quer dizer que, na verdade, eles mantêm características

---

[6] Nota da Editora: Neotenia, também chamada de juvenilização, é uma das duas maneiras pelas quais *paedomorphism* podem surgir. *Paedomorphism* é a retenção por parte dos adultos de traços anteriormente vistos apenas nos jovens, e é um assunto estudado no campo da biologia do desenvolvimento.

juvenis na idade adulta. Segundo de Waal, esses traços são compartilhados com os seres humanos.

Nossa harmonia interior pode ser determinada pelos modos como nos permitimos **brincar**. Entre nós, humanos, bem poucos **riem** tão espontaneamente como gostariam. Com certa assiduidade, deixamos de ver o lado engraçado do nosso cotidiano, reagindo com muita seriedade à maioria das situações difíceis, certos de que uma aparência carregada nos levará a uma melhor solução dos problemas.

Viver com responsabilidade não significa que devemos ser sérios e sombrios. A propósito, saber encontrar a alegria na alegria dos outros é a chave da felicidade. O **bom humor** é uma arma muito forte para os acontecimentos infelizes e, da mesma forma, uma resposta muito poderosa diante dos conflitos existenciais. Muitas vezes, nada mais nos resta senão dar umas boas risadas e fazer o melhor que pudermos. O espírito **alegre** é uma admirável ferramenta para colocar-nos na realidade e fazer-nos voltar ao tamanho exato. Quando rimos de nossas fragilidades, estamos como que tirando dardos de nossa intimidade, amenizando a importância que demos aos nossos pontos fracos e desenvolvendo uma visão mais equilibrada de nós mesmos.

É notória, no comportamento do homem, a falta do lazer. Formas de entretenimento ou descanso, de recreação com atividades físicas, não devem apresentar nenhuma conotação de competição. Esses contatos lúdicos de pessoa a pessoa são diversões ainda mais importantes e salutares do que possamos imaginar. Temos o hábito de levar a vida de modo grave, metódico e severo, certos de que, dessa forma, evitaremos possíveis e futuras dificuldades.

Muitos, até hoje, acreditam que **rir** e **brincar** são atitudes somente de crianças. O riso e as brincadeiras diminuem as crises e tensões e, além de propiciar efeitos físicos positivos, ensejam maior probabilidade de saúde emocional. O **bom humor** não consiste apenas em comicidade e gracejos. Poucos têm consciência dos efeitos terapêuticos do riso e das distrações. Em alguns momentos de boa brincadeira, é possível conhecer mais profundamente uma pessoa do que em meses de convivência e conversas formais.

As sociedades humanas parecem viver de crise em crise, aturdidas por injustiça, despotismo e desapontamento. Todavia, o gênero cômico e brincalhão é um dom do espírito humano e pode aliviar cargas sociais do planeta e o peso que está dentro de nós. Estamos, assim, muito próximos de uma vida harmônica construída mais com risos do que com perpétuo mau humor.

Provavelmente as religiões conservadoras do passado tenham miscigenado os conceitos embutidos nas palavras alegria e perdição. A bem da verdade, escrevendo aos Filipenses, Paulo de Tarso assim disse: "Dou graças a meu Deus, cada vez que de vós me lembro. Em todas as minhas orações, rezo sempre com alegria por todos vós (...)"[7]; e o Mestre Jesus Cristo: "Eu vos digo isso para que a minha alegria esteja em vós e vossa alegria seja plena"[8].

É bem comum termos admiração por homens conscientes dos graves perigos e problemas do mundo moderno e que, mesmo assim, conseguem **rir, contar fatos engraçados**, conservar o entusiasmo e imbuir-se de

[7] Filipenses, 1: 3 e 4.
[8] João, 15:11.

esperança em uma vida melhor. Conduzir a existência com estado de espírito carregado e sombrio nem sempre significa viver sem responsabilidade e com negligência. Muitas vezes, ao contrário, isso nos liberta de forças negativas que possam até estar agourando as circunstâncias que enfrentamos no presente.

Quem vive armado e carrancudo habituou-se a levantar constantes dúvidas ou suspeitas sobre outrem, e mais, duvida de sua dúvida. Em outras palavras, o indivíduo tem desconfiança dos outros e, ao mesmo tempo, medo de que possa estar equivocado em seu julgamento e, por isso, fecha-se em si mesmo. Transita internamente num mecanismo mental em que impera uma espécie de "psicose persecutória", ou seja, sente-se perseguido e anula-se e, pouco depois, se compensa e, logo sente-se grandioso. Como defesa contra essa insuportável ambiguidade íntima, ele ostenta uma hipervigilância, tem certeza absoluta de todas as coisas e mostra-se ao mundo por meio de comportamentos reservados, desconfiados e fanáticos.

Narra a sabedoria dos antigos povos bíblicos diante dos assuntos mais difíceis na experiência humana: como entender e lidar com as adversidades da vida. É dito a Jó como destinação depois do sofrimento: "Deus não rejeita o homem íntegro, nem dá a mão aos malvados. Ele porá de novo o **riso** em tua boca, e em teus lábios, gritos de **alegria** (...)"[9].

[9] Jó, 8: 20 e 21. Grifo nosso.

CHARLES ROBERT DARWIN, cientista britânico que alcançou fama ao convencer a comunidade científica da ocorrência da evolução e propor uma teoria para explicar como ela se dá por meio da seleção natural. Esta teoria se desenvolveu no que é agora considerado o paradigma central para explicação de diversos fenômenos na Biologia. Foi laureado com a medalha Wollaston concedida pela Sociedade Geológica de Londres, em 1859.

(12/02/1809 - 19/04/1882)

capítulo 11

CELEBRAÇÃO E TATILIDADE

66 *(...) Um eclesiástico célebre escrevia-me um dia: (que) tinha acabado por compreender que acreditar na criação de algumas formas capazes de desenvolver-se por si mesmas em outras formas necessárias é ter uma concepção bem mais elevada de Deus, do que acreditar que houvesse necessidade de novos atos de criação para preencher as lacunas causadas pela ação das leis estabelecidas.* **99** [1]

CHARLES DARWIN

---

[1] Charles Darwin, A origem das espécies, pág. 545.

CELEBRAÇÃO E TATILIDADE

Quando a doutora Amy Parish[2] observava a divisão de alimentos no Zoológico de San Diego, constatou que as fêmeas se aproximavam da comida pulando e gritando e entregando-se a um ardoroso contato físico; portanto, a primeira reação não era comer nem lutar pelo alimento, mas entregar-se ao frenesi corporal, que servia para acalmar os ânimos e abrir caminho ao compartilhamento.[3]

Para os estudiosos esse fato é conhecido como **celebração**, muito embora aos olhos de leigos que observassem os bonobos, tal ocorrência seria uma baderna ruidosa.

Um fato surpreendente ocorreu nesse mesmo zoológico. Quando os bonobos haviam acabado de receber um almoço, composto de "talos de aipo", em tempo recorde a comida foi completamente açambarcada pelas fêmeas. Doutora Amy, que os estava fotografando, fazia gestos e acenos a fim de atrair a atenção dos primatas, para que olhassem para ela; mas Loretta (fêmea bonobo), que se apoderara da maior parte do "aipo", deve ter pensado que Amy estivesse pedindo comida. Por uns dez minutos, Loretta não lhe deu atenção.

De repente, levantou-se, dividiu a comida e deu metade do que tinha para aquela mulher que chamava com

---

[2] Nota da Editora – Amy Parish, doutora em antropologia biológica, primatóloga e darwiniana.
[3] Frans de Waal, *Eu, Primata - Por Que Somos Como Somos*, Companhia das Letras, págs. 195 e 196.

insistência sua atenção. Isso mostra que elas, na realidade, haviam acolhido Amy amistosamente; houve o entrosamento e a reciprocidade. Frans esclarece que as fêmeas nunca fizeram isso com ele, já que os grandes primatas sabem distinguir com precisão homens de mulheres, quer dizer, o sexo das pessoas.

Houve troca de afeição, ficaram amigas e, tempos depois, um incidente digno de nota ocorreu: a doutora Amy foi visitar essas mesmas fêmeas, pois queria mostrar-lhes que estivera de licença-maternidade, e levava consigo, portanto, seu filhinho recém-nascido. A fêmea mais velha passou os olhos de modo rápido pelo bebê e, de relance, desapareceu em uma jaula próxima. Amy pensou que a fêmea estivesse zangada, mas ela só fora buscar a própria cria. Voltou depressa e encostou o filhote no vidro para que os dois pequeninos pudessem se olhar nos olhos. Houve aí uma visualidade amorosa.

Diz um velho ditado: "Nada gera maior **celebração** do que a **amizade correspondida**; nada dá mais completa alegria do que a reciprocidade de anseios e a troca de atenções."

O mesmo acontece com os chimpanzés[4]. Entre eles as **celebrações** são barulhentas e repletas de **tatilidade** (faculdade de sentir ou de ser sentido pelo tato, função desempenhada pela pele). No zoológico, festividades ocorrem quando os tratadores se aproximam com a comida e, de forma idêntica, na floresta quando eles capturam caças ou presas. Os chimpanzés reúnem-se em grandes

FRANCISCO DO ESPÍRITO SANTO NETO | HAMMED

---

[4] Frans de Waal, *Eu, Primata - Por Que Somos Como Somos*, Companhia das Letras, pág. 196.

grupos para abraços, troca de carinho e beijos. O mesmo ocorre entre os bonobos ao fazer festejos antes que qualquer um prove a comida. As **celebrações** envolvem abundante contato corporal, marcando uma atmosfera de alegria na qual todos ganharão uma parte do mantimento.

As **celebrações** mais jubilosas que observou entre chimpanzés não tiveram relação alguma com comida, ressalta de Waal. Toda primavera, ele os observava no Zoológico de Arnhem, quando eram abertas, pela primeira vez, as portas das jaulas cobertas e aquecidas em que eles passavam o inverno rigoroso.

Os símios conheciam de ouvido o som de cada porta do compartimento onde eles ficavam guardados. Depois de confinados por cinco meses em alojamentos apropriados, eles estavam loucos para relaxar na grama. No mesmo instante em que ouviam uma só porta abrir-se, toda a colônia soltava um grito ensurdecedor que parecia saído de uma só garganta. Lá fora a algazarra continuava, e eles espalhavam-se pela ilha em pequenos grupos, pulando e batendo nas costas uns dos outros. Era um clima de festa, como se fosse o primeiro dia de uma vida nova e melhor. Seus rostos ganhavam nova cor ao sol, e as tensões se dissipavam no ar da primavera.

As **celebrações** e momentos de descontração e felicidade nos levam requisitar atos de **tatilidade**. Essa é uma necessidade típica de todos os primatas e a compreendemos facilmente. Procuramos tal contato corporal quando o estudante recebe seu diploma, quando nosso time esportivo vence, ou em momentos difíceis como velórios ou calamidades. Essa necessidade é inata. Algumas culturas incentivam a distância entre as pessoas, mas uma sociedade desprovida de contato físico não seria verdadeiramente humana.

Os primatas, nossos primos, também cultivam a necessidade do contato. Além de o buscarem para si, ainda incentivam a **tatilidade** entre os membros do grupo, pois sabem que isso melhora relações estremecidas.

Na sociedade contemporânea, o contato físico é tão bloqueado quanto a expressão de afeto. No entanto, mais do que uma necessidade biológica, o **toque** é também uma forma de comunicação capaz de transmitir, num simples gesto, muito mais do que um discurso sofisticado. Na vida familiar, muitas vezes, estabelecemos uma cultura sem nenhum afeto tátil. Vivemos uma época de relações breves, frígidas e contatos esquivados. Isso vem sendo arquitetado, de modo imperceptível e progressivo, no seio da sociedade.

Admitimos contatos com estranhos apenas em situações particulares, relacionadas a algumas categorias de indivíduos (alfaiates, cabeleireiros, enfermeiros e médicos, por exemplo), que são socialmente "liberados a tocar".

Os contatos entre amigos e parentes são menos reservados. O rito de cumprimentar em via pública foi reduzido a uma mera atitude de representação simbólica.

O aperto de mão tornou-se uma versão reduzida e acanhada do que foi anteriormente. O beijo de saudação também adquiriu forma ritual (contato recíproco entre rosto e rosto), bem distinta do beijo natural, lábio e bochecha.

No mundo atual, as funções sociais já estão muito bem diferenciadas das sexuais e, por isso, menos ameaçadoras. As gesticulações ou modo de expressão são reprimidos;

as risadas, semblantes e expressões fisionômicas, quando ocorrem espontaneamente em ambientes sociais, são de modo frequente dissimulados pela colocação das mãos no rosto.

É importante saber que há um significado transcendente em cada gesto de **celebração** de algo ou alguém – nele estão incutidos intensos sentimentos atávicos do ser humano.

Não há nada em nos censurar quando sentirmos o anseio de abraçar, felicitar ou saudar alguém, isso faz parte de nossa ancestralidade. A **tatilidade** é vital e poderosa, mas, ao mesmo tempo, temida, uma vez que pode expor emoções, movimentar sentimentos. É por isso que ela é vista por muitos como ameaçadora: expõe-nos explicitamente. Revela, até mesmo, nosso lado oculto.

Apesar de tamanha importância, o toque não é bem visto. **Tocar** simboliza nossa relação com o mundo, com a própria vida; enfim, é um ato fundamental e necessário à paz e à saúde física e emocional. Nossas mãos podem sentir marcas físicas e curar as morais; sentir a textura das rugas da idade e a maciez dos abraços queridos. As mãos afagam e consolam, festejam e aliviam.

Através do toque amigável e cordial de espírito a espírito, a violência pode ser minimizada. Em família com pais descuidados, negligentes e violentos, que não se servem de afagos e carinho, a delinquência pode se revelar mais cedo e com maior frequência. Até mesmo o amadurecimento e o progresso pessoal podem ser adiados pela falta de contato físico entre pais e filhos.

Já não há **celebrações** sinceras, e sim festas fúteis; o

homem está cada vez mais distante do seu semelhante. O simples fato de viver já possui sua importância, e isso deveria ser para todos nós um ato de constante **celebração** – participar da "festa da vida" é viver juntos em plenitude, comemorando nossa unicidade e reforçando a união entre todos os seres humanos.

O apóstolo João[5] narra a última ceia dizendo que "estava à mesa ao lado de Jesus", reunido com os demais companheiros da Boa Nova. Naquela época era comum as mesas serem baixas, pouco acima do chão, em forma de "U"[6]. As pessoas deitavam em uma espécie de almofada e apoiavam-se em um dos braços enquanto comiam com o outro, ou então, sentavam-se no chão e reclinavam-se à mesa. E lá estava Jesus, cercado de amigos quando afirmou: "(...) Em verdade, em verdade, vos digo: um de vós me entregará", tal revelação causou surpresa e espanto entre os seus amigos queridos.

O discípulo amado estava à direita de Jesus. Simão Pedro faz-lhe, então, um sinal e diz-lhe: "Pergunta-lhe quem é aquele de que fala. Acomodando-se aquele mesmo discípulo sobre o peito de Jesus, interrogou-o: Quem é, Senhor?"

A atitude afetuosa do apóstolo João para com o Mestre demonstra a cordialidade branda e natural com que Jesus instruía seus discípulos, com eles partilhando gestos de sensibilidade distinta, que fluíam francamente.

---

[5] João 13: 22 a 26.

[6] Nota da Editora - No tempo de Jesus já era universal o uso das pessoas se reclinarem para comer. Em regra, somente três pessoas se acomodavam em cada leito, mas ocasionalmente quatro, e até cinco. Os leitos estavam providos de almofadas, sobre as quais se firmava o cotovelo esquerdo, ficando livre o braço direito.

Ser sensível é a disposição humana de captar e expressar sentimentos, aptidão dos homens que se comovem com facilidade; é demonstração de afeto, amizade. Abraçar e dar as mãos literalmente, não apenas diante das dores alheias, mas também diante das alegrias da vida, é sinal de sensibilidade, qualidade hoje estagnada, que já não ocupa grande espaço nas ações do dia a dia. A falta de **tatilidade** tem dificultado o convívio social.

HIPPOLYTE LÉON DENIZARD RIVAIL, educador, escritor e tradutor francês. Sob o pseudônimo de **Allan Kardec**, notabilizou-se como o codificador do Espiritismo (neologismo por ele criado), também denominado de Doutrina Espírita.

(03/10/1804 - 31/03/1869)

capítulo 12

BIRRA E APEGO

"(...) Por ter passado pela fieira da animalidade, com isso o homem não seria menos homem; não seria mais animal quanto o fruto não é raiz, quanto o sábio não é o feto informe pelo qual começou no mundo.(...) **"**[1]

ALLAN KARDEC

---

[1] Allan Kardec, *A Gênese*, 3ª ed., pág. 175, Boa Nova Editora.

BIRRA E APEGO

Declara Frans de Waal: "Hoje pode soar banal, mas nos anos 70 o comportamento humano era visto como algo totalmente flexível: não natural, mas cultural. As pessoas acreditavam que, se realmente quiséssemos, poderíamos nos livrar de tendências arcaicas como o ciúme sexual, os papéis de cada sexo, a propriedade privada e, sim, o desejo de dominar."[2]

Com suas observações e pesquisas, de Waal constata que indivíduos criadores de jovens primatas em ambiente doméstico dizem que, depois de uma bronca ou censura por mau comportamento (talvez o único que eles parecem admitir), esses filhotes sentem um desejo arrebatador de fazer as pazes. Se não se sentem perdoados, emburram e choramingam até não aguentarem mais.[3]

Quando o perdão acontece, eles pulam no colo do "pai adotivo", envolvem-no entre os braços, apertam tanto que quase não os deixam respirar. E a isso, em geral, segue-se um sussurro audível, como se fosse suspiro de alívio, ao perceberem sinais de abrandamento da família substituta.

Os primatas aprendem cedo a reconciliar-se. Ao ser arrancado do seio da fêmea, o filhote assemelha-se a uma criança que insiste em seu querer e **embirra**. Tudo o que se relaciona com ligação afetiva gera apego, e essa emoção frequentemente começa com o forte vínculo entre a mãe

---

[2] e [3] Frans de Waal, *Eu, Primata - Por Que Somos Como Somos*, Companhia das Letras, págs. 70 e 182, respectivamente.

e o filho. Muitas vezes, o desapego começa no desmame: a fêmea empurra-o para longe dos mamilos, mas, assim que ele chora em protesto e fica amuado, ela cede de imediato e permite que volte a mamar de novo. O intervalo entre rejeição e aceitação aumenta com a idade da cria e, quanto mais velhos os filhotes, os conflitos transformam-se em tremendos chiliques.

Mãe e filho trazem armas diferentes nesse campo de batalha. A mãe tem mais força; a cria, porém, já possui elaboradas táticas de chantagem, de manha e uma laringe bem desenvolvida (um chimpanzé juvenil supera, na gritaria, muitas crianças humanas).

Comenta ainda o primatologista[4] que o pequeno símio tenta persuadir a mãe com sinais de sofrimento, fazendo beicinho e choramingando, por exemplo, ou fazendo **birra** (disposição de ser insistente em um comportamento ou de não mudar de ideia). Se tudo o mais falhar, ele tem uma crise de pirraça, sendo que no auge pode até chegar a se sufocar de tanto berrar ou vomitar aos pés da genitora. Para ela, essa é a suprema ameaça de apego do filho, isto é, ela sente que acabou todo recurso, tempo, esforço, seu total investimento materno, para obter o desapego.

Isto lhe lembra algo parecido? Creia: não se trata apenas de acaso...

Continua ele a descrever que a resposta daquela mãe selvagem a essa estroinice foi subir numa árvore e fingir que ia jogar o filho lá de cima, mas, no último instante,

---

[4] Frans de Waal, *Eu, Primata - Por Que Somos Como Somos*, Companhia das Letras, págs. 182 e 183.

segurou-o pelo calcanhar. O pequeno filhote ficou pendurado de cabeça para baixo por quinze segundos, berrando a não poder mais, antes de a mãe tornar a içá-lo. Daquele dia em diante, o filhote não fez mais **birra**.

De Waal informa que já viu soluções conciliatórias fascinantes como, por exemplo, o caso em que um filho sugava o lábio inferior da mãe. A cria, um macho já com cinco anos, aceitou o beiço materno como substituto. Outro caso foi o de uma fêmea juvenil que enfiava a cabeça embaixo do braço da mãe, bem perto do mamilo, para sugar uma dobra da pele. Esses ajustes duravam apenas alguns meses, após o que as crias passavam para a dieta de comida sólida.

Ressalva: isso demonstra que o bebê filhote utiliza o seio materno de forma parecida com a do bebê humano, para se acalmar, para estar com a mãe, para sugar. No caso do beiço ou da dobra da pele, a cria passa a usar um objeto simbólico e não o real, como a chupeta, paninhos, travesseiros pequenos, ponta de cobertores ou fraldas, bichinhos de pelúcia, como fazem as criancinhas da espécie humana. Enquanto um bebê humano e um não humano chupam ou sugam, está aí representado o seio da mãe: o sugar que traz segurança, prazer e conforto.

Os homens não são diferentes, e de Waal entende isso ao afirmar que o conflito do desmame é a primeira negociação da vida com um parceiro social, o que é absolutamente necessário para a sobrevivência. Quando a criança nasce, a mãe se sente impelida, não apenas a dispensar-lhe cuidados relativos à amamentação, limpeza e saúde, mas, acima de tudo, a dar-lhe afeto, que a une ao bebê.

Dessa forma, o apego maternal torna-se cada vez mais forte e homogêneo. Muitas mães buscam – através do filho – preencher seu vazio afetivo e acabam por derramar sobre ele toda uma carga energética alusiva ao sentimento de carência nelas existente, esquecendo-se, às vezes, de seu lado mulher, de seu direito de pedir, direito de descansar, direito de contestar e direito de ser reconhecida.

É essencial, porém, tanto para a mãe quanto para o desenvolvimento psíquico da criança, que exista o que nomeamos "desleite emocional". Não é só a criança que passará por esse processo, mas também os pais, especialmente a mãe, para que possa esquematizar sua volta à vida socioprofissional. Para isso, é necessário interromper o período de amamentação e **desapegar-se** do nenê.

Há uma via de mão dupla entre desapegar e amar. O primeiro confere liberdade ao outro. E amar não é confiscar a criatura para completar-se, mas, sim, estar junto dela para complementá-la. Quem sabe o "desmame emocional" seja para a mãe uma das mais difíceis separações, pois é nessa hora que vem um forte abalo sentimental à tona, trazendo um tumulto de afetos e sensações ignoradas e reprimidas.

É necessário frisar que todas essas questões relacionadas ao desleite são saudáveis, pois visam a estimular a autonomia dos pequenos, que aprenderão aos poucos a viver e a desenvolver suas funções de modo independente.

As crianças que, ao longo de seu primeiro ano de vida, não tiveram afeição a nada – porque os pais, ou a figura substituta, foram ausentes ou não permitiram esse tipo de sentimento, deixando passar em branco uma etapa importante do desenvolvimento e crescimento pessoal delas –, poderão sofrer graves consequências mais tarde.

A etologia fornece, na época atual, recursos importantes para estudarmos o relacionamento familiar de outras espécies animais e, como resultado, entendermos melhor a expressão "**apego** mãe-bebê e bebê-mãe", que corresponde a uma função biológica específica de sobrevivência e continuação da espécie. A relação de forte afeição, aqui descrita (que não é patológica), possui um caráter de subsistência e manutenção da vida. O **apego** doentio aos familiares, porém, gera desajustes e doenças psicológicas das mais diversas etiologias: desde a incerteza crônica até o pânico irrefreável de tudo e de todos.

"... Mas ele lhes respondeu: Quem é minha mãe, e quem são meus irmãos? – E olhando aqueles que estavam sentados ao seu redor: Eis, disse, minha mãe e meus irmãos; – porque quem faz a vontade de Deus, este é meu irmão, minha irmã e minha mãe."[5]

É imprescindível entender que as ações possessivas criam indivíduos sem o direito de liberdade, subservientes e profundamente vacilantes diante da vida. No futuro, precisarão estar sempre agarrados aos familiares, como a um "séquito", para se sentirem protegidos.

O exemplo clássico de criaturas apegadas é referente a pais superprotetores e permissivos que, durante muito tempo, mantiveram seus filhos "embrulhados" num invólucro de fios invisíveis, com a desculpa de protegê-los para que não se "quebrassem, arranhassem

---

[5] Allan Kardec, *O Evangelho segundo o Espiritismo* – Cap. XIV, item 5, págs. 185 e 186, Boa Nova Editora

ou se sujassem"; quando, na verdade, estariam pondo em funcionamento, de forma inconsciente, o mecanismo de compensação, em que, de forma equivocada, tentam suprir seus medos e carências afetivas.

O que num primeiro momento parece um predicado amoroso – com que os adultos envolvem as crianças em atitudes solícitas de preocupação, atenção e cuidados constantes – pode revelar, mais tarde, uma realidade bem diferente do que seja um genuíno amadurecimento físico, intelectual e moral.

Pais que buscam preservar seus filhos de tropeços e sofrimentos, acreditando serem eles incapazes de tolerar e superar os reveses da vida, negam sua autossuficiência. Esses são, na verdade, obstrutores da dinâmica familiar, devastadores da individualidade dos filhos. Ao exercerem uma educação opressiva, controladora ou possessiva, acabam por interromper as etapas de desenvolvimento da criança. Essa distorção do que seja uma verdadeira educação vem manifestando graves problemas causadores de danos na psique, mutilando personalidades, caso seja mantidas por longo prazo.

ANDRÉ LUIZ, nome atribuído pelo médium Chico Xavier a um dos espíritos amigos mais frequentes em suas obras psicografadas. Autor dos livros *Nosso Lar*, *Os Mensageiros*, *Missionários da Luz*, *Obreiros da Vida Eterna*, *No Mundo Maior* e outros tantos.

capítulo 13

HOMOSSEXUALIDADE E BISSEXUALIDADE

" (...) um Espírito imortal, com idade às vezes multimilenária, encerrando consigo a soma de experiências complexas, o que obriga a própria Ciência terrena a proclamar, presentemente, que masculinidade e feminilidade totais são inexistentes na personalidade humana (...).**"** [1]

ANDRÉ LUIZ

[1] Francisco Cândido Xavier-Waldo Vieira ditado pelo espírito André Luiz, *Sexo e Destino*, Cap 9., 2ª parte, pág. 300, 1ª ed. especial, FEB Editora.

HOMOSSEXUALIDADE E BISSEXUALIDADE

De Waal é um biólogo de formação e o maior especialista em bonobos do mundo. Estuda os primatas há 35 anos. Observa-os por horas a fio: chimpanzés, babuínos, macacos-capuchinhos e, claro, bonobos. Pesquisa-os em seu laboratório – o Yerkes Primate Research Center, na Universidade Emory, em Atlanta (EUA), onde também leciona no Departamento de Psicologia – e ainda se vale dos zoológicos para seus estudos. A partir das pesquisas e experiências efetuadas, já escreveu extenso material sobre esses animais.

Os chimpanzés, bonobos, gorilas e orangotangos são qualificados, na ordem dos mamíferos, como grandes primatas não humanos, dotados de cérebro grande e diferenciado, todos destituídos de cauda e munidos de membros com cinco dedos, com o polegar oponível aos demais e visão binocular. São chamados antropoides, ou seja, os que têm o formato do homem.[2]

Segundo esse pesquisador, nunca devemos confundir grandes primatas com macacos. "Primata" é uma nomeação que os humanos também recebem. Dos citados acima, tem os homens, um ancestral comum com o chimpanzé e o bonobo; no entanto, é bom que se diga que nenhum deles tem um grau maior que o outro de parentesco conosco. Ainda assim é motivo de discussão entre os primatólogos qual dos dois seja exatamente o melhor modelo como antepassado da atual humanidade.

---

[2] Frans de Waal, *Eu, Primata - Por Que Somos Como Somos*, Companhia das Letras, pág. 25.

Na época presente, os geneticistas se concentram em modernas pesquisas, analisando os genes que afetam a evolução ao longo de milhões de anos. Os dos homens e os dos quatro outros grandes primatas pertencem a ramos ou espécies distintas.

A árvore genética humana e a dos primatas não humanos (chimpanzé, bonobo, gorila e orangotango), baseadas em comparações de DNA, indicam com precisão há quantos milhões de anos essas espécies se distanciaram. Chimpanzés e bonobos formam um único gênero: *Pan*. A linhagem da humanidade divergiu do ancestral *Pan* há cerca de 5,5 milhões de anos.

Alguns cientistas julgam que os homens, os chimpanzés e os bonobos são suficientemente aparentados para formar um único gênero: *Homo*. Bonobos e chimpanzés apartaram entre si, depois de separados dos ancestrais humanos, há mais ou menos 2,5 milhões de anos.

Entende-se, ainda, que ambos têm um grau de parentesco bastante próximo da civilização contemporânea. O gorila se separou antes, portanto é mais distante na árvore ancestral humana, e o mesmo pode-se dizer do único grande primata asiático, o orangotango, concluem os cientistas.

Conta o biólogo holandês[3] em seus relatos sobre a homossexualidade que Vernon, bonobo macho do Zoológico de San Diego, dominava um pequeno grupo ao qual pertencia uma fêmea, Loretta, e esta era sua amiga e parceira sexual. E foi essa a única vez em que ele viu um grupo de bonobos comandado por um macho. Na época,

---

[3] Frans de Waal, *Eu, Primata - Por Que Somos Como Somos*, Companhia das Letras, pág. 22.

pensou que fosse natural, pois a dominância dos machos é típica na maioria dos mamíferos. Comparados aos chimpanzés, que são liderados por machos, os bonobos têm gênio pacífico e são dominados pelas fêmeas, atitudes essas que proporcionam um novo modo de analisar a linhagem humana. Mas Loretta era relativamente jovem e a única fêmea do grupo. Assim que uma segunda fêmea foi colocada junto ao bando, a balança do poder pendeu para o outro lado.

Quando se avistaram, a primeira coisa que Loretta e a outra fêmea fizeram foi sexo. O padrão é conhecido pelos especialistas pela sigla GG (*genito-genital rubbing*). Uma abraçou-se à outra com os braços e pernas, como fazem os bebês bonobos para segurar-se no ventre da mãe. Sua expressão facial e os gritos estridentes não deixavam dúvida sobre a questão de que os grandes primatas sentem prazer sexual.

A sensualidade entre Loretta e sua nova amiga tornou-se cada vez mais comum, indicando o fim da dominância do macho Vernon. Meses depois, podia-se observar, à hora da refeição, as duas fêmeas sempre juntas e tomando posse de toda a comida. O único modo de o macho Vernon conseguir algum alimento era pedir de mão estendida. Essa conduta de controle do suprimento ou comida pelas fêmeas também é uma particularidade da espécie encontrada em cativeiro e igualmente na vida selvagem.

Continua escrevendo o renomado primatólogo, em sua narração, que a **homossexualidade**, em vez de ser uma "preferência", como alguns conservadores afirmam com segurança, ocorre de modo natural para certos indivíduos; é inerente a quem eles são. Em umas culturas, são livres para expressá-la; em outras, precisam ocultá-la. Como não existe povo sem cultura, é impossível saber como se manifestaria a nossa sexualidade na ausência dessas influências sócio-culturais incutidas ao longo dos tempos.

Como seria a verdadeira conduta do homem sem esses invólucros normativos? Diz literalmente de Waal: "A natureza humana pura é como o Santo Graal: eternamente procurada, mas nunca encontrada. Entretanto, temos o bonobo. Esse primata é instrutivo, pois desconhece proibições sexuais e tem poucas inibições". Com isso não queremos dizer que esses primatas nos sirvam como exemplos de vida, embora, eles demonstrem uma rica e natural sexualidade na falta dos mantos culturais que criamos na humanidade.

De acordo com a escala Kinsey[4 e 5], resultado de uma pesquisa sobre o comportamento sexual do homem, a maior parte dos humanos pode situar-se mais na extremidade heterossexual. Nessa escala, que vai de **zero** a **seis**, **zero** indica pessoas de comportamento heterossexual exclusivo; e **seis**, indivíduos eminentemente **homossexuais**.

---

[4] Nota da Editora – A Escala de Kinsey (Alfred Kinsey) tenta delinear o comportamento sexual de uma pessoa ao longo do tempo e em seus episódios num determinado momento. Ele usa uma escala iniciando em **zero**, com o significado de um comportamento exclusivamente heterossexual, e terminando em **seis**, para comportamentos exclusivamente homossexuais, também dizendo que existe uma graduação entre os dois polos sexuais. Em estudos posteriores, Alfred Kinsey e Wardell Pomeroy publicam livro acrescentando ou introduzindo ainda os assexuais.

[5] Nota da Editora – Alfred Charles Kinsey foi um entomologista e zoólogo norte-americano. Em 1947, na Universidade de Indiana, fundou o Instituto de Pesquisa sobre Sexo, hoje chamado de Instituto Kinsey para Pesquisa sobre Sexo, Gênero e Reprodução. Suas pesquisas sobre a sexualidade humana influenciaram profundamente os valores sociais e culturais dos Estados Unidos, principalmente na década de 60, com o início da chamada "revolução sexual".

Os bonobos, porém, parecem ser totalmente **bissexuais** nessa classificação, ocupando o ponto **três** da graduação citada.

Os bonobos são, com exatidão, pansexuais, designação que, por uma feliz coincidência, remete à do seu gênero. Pelo que sabem os cientistas, não existem bonobos exclusivamente heterossexuais ou homossexuais, uma vez que todos praticam sexo com quase todos ou com todos os tipos de parceiro.

Bonobos constituem a prova biológica de que, ao contrário do que querem fazer crer algumas religiões ortodoxas, manter relações sexuais somente para fins reprodutivos não é o natural, conclui o Ph.D. Aliás, é bom lembrar que os genes e hormônios ignoram as normas sociais e as prescrições eclesiásticas.

A **bissexualidade** e a **homossexualidade** entre primatas não humanos são incontestáveis, pois estão abundantemente documentadas na literatura científica. Práticas sexuais chamadas atípicas como essas são características da espécie; nunca foram descritas em outros primatas não humanos.

Milhares de horas de observação científica comprovaram que as fêmeas preferem a companhia umas das outras à dos machos. Nos momentos de lazer, sentam juntas, fazem *grooming* nas costas das companheiras e, durante as viagens à procura de frutas, andam com os filhotes nas costas, na parte central dos grupos, mantendo os machos em posição periférica.

Homofobia significa "rejeição ou aversão; sentimento de repulsa, repugnância, asco irracional, aos homossexuais" e praticamente se traduz por um comportamento de abominação que pode levar à autodestruição, bem como à destruição de outro ser humano.

Esse tipo de fobia gera consequências graves para o meio social, e as ciências psicológicas do mundo moderno buscam identificar os motivos que levam uma pessoa a ter essa atitude carregada de violência ou de ímpeto cruel.

Não há enfermidade mais grave do que aquela que não reconhece a sua virulência. A nossa maior ignorância é não perceber que, ao medir as atitudes humanas, utilizamos nossa visão – que, embora só alcance "um palmo" adiante, julga coisas que estão a quilômetros de distância. Devemos respeitar a realidade de todos e lembrar que grande parte do mundo está fora do nosso campo visual e da nossa capacidade de discernir o mundo exterior.

De acordo com os estudiosos do comportamento, os que se sentem afrontados pela presença de **homossexuais** devem buscar no âmago de si mesmos certos conteúdos ignorados de sua sexualidade e questionar-se sobre as razões que justificam tal afronta. Ao contrário dos homofóbicos e preconceituosos, indivíduos em paz com seus caracteres sexuais aceitam a sexualidade de outrem com respeito e naturalidade.

Respeito é diferente de adesão. Somente com respeito é que poderemos ter uma sociedade mais justa e igualitária, como esclarece o grande Agostinho de Hipona na afirmação: "Na essência somos iguais, nas diferenças nos respeitamos".

Outras matérias apontam que uma das causas da homofobia é o fato de que a homossexualidade abala o louvor que certos indivíduos dão ao machismo, à virilidade, à energia e ao vigor, acreditando que ela diminui a figura masculina heterossexual, que é tida como sinônimo de poder e força.

Muitos seres humanos têm o hábito de agir com desrespeito às pessoas, como se elas fossem meras coisas, simples objetos, em vez de seus semelhantes. Temos muito a aprender com as histórias de vida dos outros, sejam eles quem forem. Elas podem iluminar nosso caminho, levar-nos a agir com discernimento e usar eficiência ao optar por uma escolha em detrimento de outra.

Apenas no mundo das origens ou da dimensão espiritual, após a desencarnação, é que nos será permitido entender, com perfeita lucidez, os vínculos da afinidade e/ou das almas afins. A reencarnação propõe respeito de uns para com os outros. Na vida existe naturalmente uma demarcação, em que deve imperar consideração em relação aos semelhantes, a qual não pode ser extrapolada, mesmo que se acredite ser o possuidor da verdade. É dessa extrapolação que pode surgir a brutalidade e a intolerância, destruindo, em muitas ocasiões, existências inteiras.

Se o nosso semelhante está em paz com a decisão que tomou diante da vida, roguemos ao Criador tranquilidade para nós, mesmo que tenhamos pensamentos antagônicos ou não concordemos com ela. Perante as decisões alheias, o respeito é o principal freio a reprimir todos os conflitos sociais. A propósito, é bom lembrar que o respeito pertence ao domínio da razão e provém do bom senso. A insensata obediência às regras e normas sociais pode ser a maior inimiga da verdade.

Os homens não conseguem penetrar, de imediato, a rede do destino que os princípios da Vida Maior reservaram a seus semelhantes; somente no futuro estarão habilitados a discernir o enigma das encarnações em que mergulharam nossos amigos, parentes ou qualquer ser humano que viermos a encontrar ou conhecer.

HIPPOLYTE LÉON DENIZARD RIVAIL, educador, escritor e tradutor francês. Sob o pseudônimo de **Allan Kardec**, notabilizou-se como o codificador do Espiritismo (neologismo por ele criado), também denominado de Doutrina Espírita.

(03/10/1804 - 31/03/1869)

capítulo 14

DRAMA E DISSIMULAÇÃO

66 *O que constitui o homem espiritual, não é a sua origem, mas os atributos especiais dos quais está dotado em sua entrada na humanidade, atributos que o transformam e dele fazem um ser distinto, como o fruto saboroso é distinto da raiz amarga de onde saiu (...)* **99** [1]

ALLAN KARDEC

---

[1] Allan Kardec, *A Gênese*, item 23, 3ª ed., pág. 175, Boa Nova Editora.

DRAMA E DISSIMULAÇÃO

O então jovem estudante Frans de Waal, na década de 70, sentou-se para observar a intimidade de chimpanzés no Zoológico de Arnhem, na Holanda. Ele iniciava a carreira de especialista no modo de agir e viver dos primatas, e é óbvio que carregava consigo os preconceitos da época: acreditava, como todos, que a Natureza não tinha influência alguma no comportamento humano e que nossa conduta estaria submetida unicamente à cultura e aos costumes do mundo social.

No Zoológico, foi criado um local adequado e grande o suficiente para acolher chimpanzés, com o objetivo de proporcionar-lhes uma vida livre de acordo com seu *habitat*. Esperava-se dar aos animais a oportunidade de se comportarem tão espontaneamente quanto possível, com o mínimo de interferência humana.

Dois aspectos do ambiente merecem nossa atenção. Primeiro: o público tinha acesso não apenas ao cotidiano dos símios, mas também às pesquisas em andamento. Segundo: havia ainda um espaço – o observatório – onde símios observavam os cientistas e ambos os grupos perscrutavam o público. Podemos dizer que essa era uma área que facilitava tanto um *devir-símio* para os humanos quanto um *devir-humano* para os animais cativos.[2]

---

[2] Nota da Editora – Devir: um fluxo permanente e atuante que dissolve, cria e transforma todas as realidades existentes.

De Waal assevera que os humanos são **improvisadores**, ou seja, ajustam-se a tudo aquilo que é feito ou dito, sem nenhuma preparação ou ensaio prévio; que são hábeis em fazer modificações e em reorganizar-se de forma momentânea, obviamente utilizando os genes que lhes oferecem dicas e sugestões. E continua, dizendo que o mesmo se aplica a nossos companheiros primatas, pois os símios improvisam de forma rápida, diante de outros improvisadores no cenário da vida.[3]

Ressalva: sabemos que certas afirmações aqui citadas são estritamente de cunho científico e não doutrinário, por isso, quando falamos de genes ou de leis da genética, é bom não nos esquecermos de que somente a inteligência (espírito) consegue traçar linhas inteligentes, mesmo que isso contradiga os partidários da ciência materialista.

Discorrendo sobre improvisação e **dissimulação**, Frans de Waal ilustra com o exemplo de Yeroen, no Zoológico de Arnhem, quando ele feriu a mão em uma luta. A colônia era dominada em simultaneidade por Nikkie, um jovem emergente na escala da liderança, e Yeroen, seu cúmplice, porém bem mais velho em idade.

Yeroen, que fisicamente não mais estava à altura de ocupar a liderança do grupo, começou a trabalhar na formação de um acordo com o ascendente Nikkie; o mesmo que o mordera anteriormente em lutas intencionais de chefia. Aos dezessete anos, Nikkie era um chimpanzé recém-chegado à fase adulta.

O ferimento não fora profundo, porém, depois dessa abocanhada, Yeroen passou a mancar acentuadamente.

---

[3] Frans de Waal, *Eu, Primata - Por Que Somos Como Somos*, Companhia das Letras, pág. 273.

Decorridos alguns dias, tiveram a impressão de que ele **dissimulava**, já que claudicava muito, sobretudo quando Nikkie estava por perto.

Era difícil acreditar, por isso decidiram fazer observações metódicas e diárias. Toda vez que viam Yeroen manquejar, registravam o local onde Nikkie se encontrava. Quando o velho Yeroen passava em frente de onde o jovem Nikkie estava sentado, ele **dramatizava**, coxeava de dar dó. Mas, assim que saía do campo de visão do outro, voltava a andar com normalidade. Yeroen parecia estar dissimulando de forma intencional para que o companheiro o tratasse com brandura, quem sabe até com alguma simpatia. Hostilizar um parceiro ferido nunca é aconselhável, e Yeroen parecia advertir Nikkie, fazendo um melodrama ao exagerar a suposta dor que sentia.

Se lembranças e comparações emergirem em sua casa mental, não as atribua ao acaso, tudo tem uma razão de ser...

A **dramatização** e a **dissimulação** de um fato ou de uma situação são nossas velhas conhecidas; praticamo-las ao longo do tempo. Negar que estamos chorando, ou soluçar quando não estamos sentindo nada; parecer felizes em público para esconder problemas íntimos; rir de uma anedota sem graça contada por alguém; abrir enorme sorriso quando vemos uma pessoa de quem, na verdade, nem gostamos: nós todos (e não apenas os outros) possuímos uma tendência natural a manipular e a escamotear (encobrir algo com rodeios ou subterfúgios).

Esconder os próprios sentimentos e intenções é perfeitamente compreensível. Em alguns casos isso acontece quando existem conflitos de interesses e é vantajoso manipular os outros. Tal afirmação parece estranha, mas a própria Natureza se encarrega de confirmar isso. São inúmeros os casos de animais e plantas que dissimulam para conseguir alimento ou livrar-se dos predadores. O grande problema é quando a **dissimulação** está imersa em má-fé (deslealdade, fraude, perfídia, toda ação maldosa praticada conscientemente).

É incontestável que temos predisposições inatas, mas não somos indivíduos de comportamento maquinal, executando tarefas biológicas, agindo só por ação dos genes. Tanto não humanos como humanos não são geneticamente programados para a "hora de mancar ou de rir", "dramatizar ou dissimular"; todos têm, porém, uma acentuada astúcia e esperteza para improvisar, dependendo das carências do momento e das necessidades circunstanciais.

Ressalva: nós todos nos expressamos de muitas maneiras na condição de Espíritos imortais, em conformidade com nosso grau evolutivo. Temos um corpo espiritual, que mantém a função registradora de tudo o que vivemos na vastidão dos tempos.

Por que precisamos convencer um estranho de que somos mais bem-sucedidos do que somos de fato? Qual é nossa verdadeira realidade? Aquela que divulgamos aos conhecidos e aos que conhecemos apenas superficialmente, ou aquela que expressamos aos familiares e amigos? A maioria das criaturas teme, em uma ou outra época da vida, não ser amada, admirada ou respeitada somente por aquilo que é. Vestimo-nos à maneira de pobres ovelhas, dissimulando as feições de "lobos astutos"[4]. Fazemo-nos de mártires para continuar sendo acusadores.

FRANCISCO DO ESPÍRITO SANTO NETO | HAMMED

---

[4] Mateus, 7:15.

O fato de nos fazermos de vítimas pode ser só um recurso para nos tornarmos o ator principal nas histórias alheias, mas nos esquecemos de que, agindo assim, acabamos não ocupando o papel principal em nossa própria vida. Adornamo-nos com uma "vestimenta simulada", sustentando uma aparência de "pena ou dó", que serve de máscara e de compensação aos nossos feitos fracassados, ou não realizados. Ocultamos nossas fragilidades, certos de que elas nunca aparecerão diante dos olhares de nossos companheiros desta grande viagem.

O desejo de **manipular** pessoas e controlar todas as situações em nosso próprio benefício é uma compulsão humana que só leva à frustração. A necessidade de **dramatizar** e simular faz parte de um comportamento ancestral, mas podemos equilibrá-lo e, como resultado, tê-lo sob nosso controle.

A dúvida e a desconfiança sobre os próprios valores são a base desses descontroles e desequilíbrios. Interpretamos uma personagem a fim de impressionar ou iludir alguém, fazendo-nos parecer melhores do que realmente somos e também para evitar uma crítica ou desabono. Por isso, damos a impressão de que somos criaturas raras e incomuns, em geral melhores que os outros. Uma vez garantida a aprovação da sociedade que nos rodeia, aparentamos estar seguros e protegidos. O terrível de tudo isso, porém, é usar de modo desconfortável uma máscara e valer-se de um disfarce mutilador, só Deus sabe até quando.

HIPPOLYTE LÉON DENIZARD RIVAIL, educador, escritor e tradutor francês. Sob o pseudônimo de **Allan Kardec**, notabilizou-se como o codificador do Espiritismo (neologismo por ele criado), também denominado de Doutrina Espírita.

(03/10/1804 - 31/03/1869)

capítulo 15

GRATIDÃO E CARINHO

❝ Das semelhanças de formas exteriores que existem entre o corpo do homem e o do macaco, certos fisiologistas concluíram que o primeiro era somente uma transformação do segundo. Nisso não há nada de impossível, sem que, se assim o for, a dignidade do homem tenha algo a sofrer.(...)**❞**[1]

A GÊNESE

[1] Allan Kardec, *A Gênese*, 3ª ed., pág. 171, Boa Nova Editora.

GRATIDÃO E CARINHO

O famoso cientista da Psicanálise, Carl Jung, rompendo com a ideia de que tanto a mente consciente como a inconsciente eram originárias somente das experiências pessoais, afirma que a evolução e/ou a ancestralidade esculpem previamente o indivíduo, ou seja, determinam de modo premente a forma como a criatura reagirá às experiências de vida.

Alega Jung, em suas obras, que o inconsciente compreende o inconsciente pessoal e o coletivo. O inconsciente pessoal contém as experiências individuais e a ele se atribuem as camadas mais superficiais da casa mental, onde estão guardadas as vivências particulares, até as que foram reprimidas ou negadas. Seus conteúdos, em geral, são acessados com certa facilidade pela consciência, sempre que isso se fizer necessário.

Jung ainda se reporta às camadas mais profundas da mente, denominando-as de inconsciente coletivo. Diz que há nele um celeiro de "imagens primordiais" ou "arquétipos", os quais se referem ao primeiro, ao mais primitivo desenvolvimento do psiquismo que foi acumulado na vastidão dos tempos. É um tipo de memória da raça ou da espécie, em que se encontram conteúdos da esfera mental, padrões universais, ou matriz para a expressão e o desenvolvimento da psique humana. Arquétipos existem na intimidade de todos os homens.

Conforme o psicanalista, todos nós herdamos essas imagens arquetípicas, que serão preenchidas pelo material de nossas vivências conscientes. Arquétipos são considerados "estratos de experiências" que se repetem continuamente, compartilhados por toda a humanidade; possuem uma "capacidade de perpetuação". Herdamos essas imagens do passado ancestral, que inclui os nossos predecessores humanos, pré-humanos, primatas e animais. São tendências naturais ou propensões que utilizamos de forma maquinal quando interagimos no mundo atual, e procedemos semelhantemente como os nossos antepassados faziam em tempos remotos.

Esses conceitos junguianos muito se afinam com certas noções da Doutrina Espírita. Por isso, precisamos fazer uma ressalva quanto à origem desses conteúdos existentes no inconsciente coletivo.

É bom esclarecer que não pretendemos aqui inovar os conceitos ou teorias do eminente psicólogo e psiquiatra suíço, fundador da escola analítica de Psicologia, mas sim, dar-lhes outro enfoque a partir da visão espírita ou das vidas sucessivas. Acrescentaríamos que essas imagens ou símbolos universais, originários ou primordiais, que se manifestam como arquétipos, são oriundos do que poderíamos nomear herança reencarnatória – vivências que cada espírito tem e continua tendo, por meio de experiências pessoais e coletivas.

O processo reencarnatório explica a presença desses aspectos arquetípicos no ser humano, porque a criatura é herdeira de si mesma, adquirindo, em cada fase evolutiva, conhecimentos, talentos, habilidades e valores que permanecem arquivados no perispírito, ou registrados em seu inconsciente profundo. O veículo somático é a condensação do corpo perispiritual. O sistema nervoso é a conexão do corpo psicossomático à matéria densa e tem como função sensibilizá-la. Desse modo, podemos dizer que os "nervos" são conexões sutis entre esses dois corpos.

Allan Kardec trouxe, em 1869, no livro *A Gênese*, a ideia de como o corpo espiritual liga-se à matéria no momento da fecundação: *"Sob a influência do princípio vital material do germe, o perispírito, que possui certas propriedades da matéria, une-se, **molécula** a **molécula**, com o corpo que se forma: de onde pode-se dizer que o Espírito, por intermédio de seu perispírito, toma, de alguma sorte, raiz nesse germe, como uma planta na terra"*[2].

Enfim, acreditamos que certas figurações arquetípicas são oriundas das próprias experiências individuais, nas sucessivas encarnações; outras, adquiridas de modo coletivo nas lides gregárias por onde estagiamos, são arquivadas no corpo espiritual.

A corporalidade, isto é, a propriedade do que é corpóreo, não deixa de ser um dos pontos iniciais para o entendimento do homem. Quando a criatura, porém, é reduzida apenas ao físico, e se tenta explicá-la unicamente através de seu funcionamento biológico, restringimos de modo extremo a complexidade humana.

A incorporalidade, ou seja, a condição do que é transcendental, também quando vista de forma isolada, incide em reducionismo. Esse é o caso de religiões fanáticas, que levam os indivíduos a se conduzirem por um prisma determinista, excluindo-os da liberdade de viver e impondo-lhes posturas estigmatizadas, elaboradas por mentes enrijecidas. Esses reducionismos levam a humanidade a resultados desastrosos, utilizando ora justificativas biológicas, vestidas sob o véu da cientificidade, ora justificativas metafísicas, cobertas com o manto da religiosidade.

---

[2] Allan Kardec, *A Gênese*, 3ª Ed., pág. 173, Boa Nova Editora. Grifo nosso.

O ser humano não é um vassalo impotente de sua genética. Ele tem significativo poder ou controle de sua vida; possui livre-arbítrio, apesar de receber influência de numerosos fatores (culturais, ecológicos, educacionais, comunitários, espirituais e planetários), quase todos fora de sua compreensão e domínio. Além disso, por mais que a humanidade tenha ancestrais em comum e compartilhe de uma estrutura genética bem parecida, ela possui uma excepcional ferramenta cognitiva, ou seja, uma capacidade de conhecimento que implica atenção, percepção, memória, raciocínio, etc.

Nós podemos questionar sobre isso tudo e muito mais, diferentemente dos outros primatas não humanos. Além disso, somos capazes de observar nossos parentes próximos para aclarar diversas de nossas condutas e tendências comportamentais.

A maneira como agimos é produzida por meio das sensações que emergem de nossa intimidade. Elas, por sua vez, influenciam o veículo perispiritual e, como decorrência, expressam-se diretamente na vestimenta corporal. As emoções causam reações físicas, ou seja, movimentos ou impulsos internos que produzem um efeito externo.

Em se tratando de atavismos reencarnatórios, podemos discorrer sobre o que nomeamos "trilhas emocionais". São conteúdos psíquicos de uma mesma nuança energética, que reaparecem em determinadas situações e nos induzem a tomar as mesmas atitudes de outrora.

Frans de Waal escreveu esta interessante história sobre grandes primatas[3]: dois chimpanzés haviam ficado

[3] Frans de Waal, *Eu, Primata - Por Que Somos Como Somos*, Companhia das Letras, págs. 247 e 248.

fora do abrigo durante uma tempestade. Wolfgang Köhler (psicólogo americano de origem alemã, um dos fundadores do gestaltismo; dedicou-se a experiências sobre a inteligência animal), passou pelo local e os viu ensopados, tremendo na chuva. Abriu a porta para eles, mas os dois, em vez de passarem pelo professor e entrarem correndo na área seca, primeiro o abraçaram com grandes demonstrações de alegria e **carinho**. Isso já se parece muito mais com **gratidão**.

Auxiliar alguém que está em dificuldades, ser reconhecido a quem nos prestou algum tipo de benefício, ser grato diante de auxílios recebidos, são gestos inerentes ao ser humano, resultantes de seus valores morais e éticos. No entanto, esses mesmos gestos são também comuns entre alguns tipos de primatas não humanos.

O **carinho** e a **gratidão**, que para as ciências atuais teriam sido gravados em nosso DNA durante o processo de evolução da espécie, não são somente consequências da existência corpórea; ao contrário, possuem raízes no espírito imortal, em suas vivências sucessivas nos tempos imemoriais.

Nada surgiu por acaso. Ninguém aprende ser grato e carinhoso de repente ou de maneira súbita. Nem mesmo o automatismo biológico foi feito da noite para o dia. Tudo foi e é conquistado gradativamente sob a supervisão da Providência Divina (leis divinas ou naturais), nos milênios incontáveis, e pela repetição infinita das experiências sedimentadas na organização perispiritual.

A gratidão é uma conquista provida de aprimoramento cultural, não a encontramos em pessoas chulas e banais. Os ingratos possuem falta de memória.

EMMANUEL, orientador espiritual do médium Chico Xavier. A obra mediúnica de Emmanuel é composta por dezenas de livros, muitos deles traduzidos para diversos idiomas. Em entrevista, Chico Xavier disse certa vez: *"Emmanuel tem sido para mim um verdadeiro pai na Vida Espiritual, pelo carinho com que me tolera as falhas e pela bondade com que repete as lições que devo aprender"*.

capítulo 16

HIERARQUIA E DIREITO INATO

66 *(...) A Natureza é sempre o livro divino, onde as mãos de Deus escrevem a história de Sua sabedoria, livro da vida que constitui a escola de progresso espiritual do homem, evolvendo constantemente o esforço e a dedicação de Seus discípulos.* **99** [1]

EMMANUEL

[1] Francisco Cândido Xavier ditado pelo espírito Emmanuel, *O Consolador*, 28ª Ed., pág. 33, FEB Editora.

HIERARQUIA
E DIREITO INATO

O holandês Frans de Waal, admirável especialista na arte de observar e estudar o comportamento dos primatas, certifica que, entre os machos (chimpanzés), o poder de chefia tem por base a habilidade da luta aliada ao apoio de alguns elementos do bando; na comunidade, o impacto da idade, porém, é uma agravante ao poder. Para eles, nunca é vantajoso envelhecer. Nenhum alfa consegue dominar sozinho, pelo menos não por muito tempo, pois o grupo pode destronar qualquer um. Manter-se no topo do comando é um exercício constante entre eles.

Os chimpanzés[2] são tão hábeis na arte da coligação que um líder depende de diversos aliados, a fim de fortalecer seu espírito de autoridade e, ao mesmo tempo, expandir a aceitação do bando em que vive. Os líderes costumam ser "ditadores habilidosos" – não seguem regras ou normas; são os primeiros a alimentar-se e possuem primazia na escolha das fêmeas. Frequentemente demonstram seu domínio rosnando, mordendo, perseguindo, dilacerando, ou descansando sobre outros animais; tudo depende da sua vontade, pois detêm o poder de decisão.

Frans ainda relata que os chimpanzés dominadores exibem-se desfilando com os pelos do dorso eriçados, simulando serem mais fortes e melhores lutadores que os outros do grupo. E estes, por sua vez, não se cansam

---

[2] Frans de Waal, *Eu, Primata - Por Que Somos Como Somos*, Companhia das Letras, pág. 59.

de bajulá-los, com atitudes de servilismo que incluem "saudar ou pedir de mão aberta ou espalmada para cima", num gesto típico também dos humanos, que consiste em reverenciar as pessoas em sinal de respeito.

Ressalva: aliás, "beijar ou usar as mãos para pedir ou reverenciar", diante de superiores ou mandatários, é tendência inata de chimpanzé. Só primatas superiores e homens usam os membros para gesticular. Isso tudo nos parece muito familiar, basta revermos as etiquetas das convenções humanas.

Há contendas brutas e agressivas entre eles, comentou de Waal. Mas seus desentendimentos raramente demoram muito tempo; são exercícios que servem para reiterar e fortalecer as prerrogativas hierárquicas do bando. Cada vez que dois chimpanzés do alto escalão se desentendem, os elementos do grupo se dividem, tomam partido, fazem alvoroço e alarido, mas no final, quando finda a disputa de interesse, tudo acaba em *grooming* ou também catação mútua de piolho.

Na literatura, este procedimento – o *grooming* – tem como objetivo acabar com as contendas; pode-se dizer que é um cerimonial da reconciliação. Adversários aparentemente dispostos a se destroçarem com unhas e dentes, um minuto após as brigas acabadas, corriam uns em direção aos outros, estreitando os laços com um abraço demorado; e, então, começavam a afagar a pele ou os pelos, ou catar ectoparasita a fim de fortalecer os vínculos afetivos e manter a unidade e saúde do grupo.

O pesquisador registrou, em suas anotações de campo, que esses conflitos e depois a reconciliação muito se assemelham aos nossos costumes sociais; são comportamentos que servem para decifrar as raízes das lutas de liderança na humanidade atual. Durante milhares de horas de observações, diz ele que registrou em seu caderno de notas que machos alfa raramente se mantêm no poder por mais de quatro ou cinco anos. Em um sistema de dominação por machos, como o dos chimpanzés, a troca de ocupantes do topo ocorre com frequência, ao passo que em sistemas de dominação por fêmeas, como o dos bonobos, a mudança é menos comum, mais calma e gradual, no entanto, a agressão não está completamente ausente entre eles, apesar de possuírem uma conduta mais tranquila.[3]

Continua dizendo: bonobos costumam ser grandes conciliadores, capacidade esta que lhes é natural, e possuem expressiva habilidade para viver em bem-estar social. Se a fêmea alfa adoecer ou morrer, poderá começar um burburinho quanto à conquista do posto de chefia, mas apenas haverá movimentação entre os membros da escala superior. A especulação consiste em mensurar "**quem é quem**" nas famílias dominantes e nas castas inferiores. Esse requisito básico de mando é vital no mundo destes símios. A **hierarquia** dos machos é uma questão materna. Em vez de formarem coalizões masculinas sempre mutáveis, os bonobos machos competem por posições agarrados à hierarquia da mãe.

A propósito, diz o professor, isso evita que membros ambiciosos possam querer fazer alpinismo social ou tomar o posto de comando do bando. Há menos manobras políticas entre os bonobos, pois suas coalizões dependem

---

[3] Frans de Waal, *Eu, Primata - Por Que Somos Como Somos*, Companhia das Letras, pág. 90.

dos laços de sangue. Entre eles o parentesco funciona como um **direito inato** de descendência ao comando do bando. Vivem em uma sociedade matriarcal, tudo depende de sua mãe e da posição que ela ocupa em relação às outras fêmeas.

Enfim, os chimpanzés disputam altos postos em batalhas violentas (**aristocracia da força bruta**). Os bonobos são exceção: o que vale é a sucessão (**aristocracia patriarcal ou de nascimento**); e os homens têm comportamentos que oscilam entre os dois extremos.

Em *Obras Póstumas*[4], encontramos um estudo feito por Allan Kardec, intitulado "As aristocracias". Palavra que vem do grego: *aristos* – "o melhor", *kratos* – "poder", aristocracia significa, literalmente, "governo dos melhores". O Codificador faz uma exposição a respeito do assunto, relacionando os diversos tipos de aristocracia pelos quais a humanidade vem passando, desde as épocas mais remotas e primitivas. Diz ele que todas tiveram sua razão de existir e que o homem ainda tem necessidade de liderança, desde os mais selvagens até os mais civilizados.

1. Aristocracia patriarcal: os mais velhos, pessoas idosas respeitadas, e veneradas, a quem se obedecia, eram chefes de numerosa família. Os patriarcas eram administradores dos clãs, que tinham uma vida pacífica e honrada e acumulavam uma soma enorme de experiências e conhecimento.

2. Aristocracia da força bruta: os condutores empenhavam-se de forma excessiva para conseguir o que queriam por meio da energia física, empregada com

---

[4] Allan Kardec, *Obras Póstumas*, pág. 265, 40ª ed., FEB Editora.

violência e brutalidade em excesso, irracionalmente. Os líderes cultivavam a arte de formar milícias, exércitos, além da prática da guerra.

3. Aristocracia do nascimento: a genealogia da família ("sangue azul") outorgava, por herança, o monopólio do poder aos seus descendentes. Reis, príncipes, soberanos e faraós eram considerados divindades, filhos dos deuses; detinham privilégios, nobreza e fidalguia.

4. Aristocracia do dinheiro: nasce a sociedade burguesa, na Idade Média. Eram os habitantes livres de um burgo, que gozavam de certa riqueza e privilégios. Compravam títulos de nobreza, financiavam pessoas mais capacitadas (que eles), para que multiplicassem suas riquezas. Surge, então, um desenvolvimento intelectivo em que os mais pobres se destacavam por seu saber, seu talento, sua erudição, ou seja, pelas faculdades intelectuais.

Os chimpanzés, como regra geral, usam um regime político que envolve o espírito de autoritarismo e de **força bruta**, enquanto os bonobos utilizam um padrão distinto, o espírito pacificador e os **direitos inatos**. O homem atual serve-se de uma e de outra forma de governo, ou seja de conquistar e outorgar a posse.

Isso nos remete a política humana através dos tempos, suas raízes e suas consequências.

Integrar e conciliar esses dois espíritos (pacificador e autoritário) com equilíbrio é o dom que somente as leis da evolução conseguirão harmonizar. Voltaire escreveu: *"O homem morre como nasce: sem cabelo, sem dentes, sem ilusões"*. E nós, parafraseando os antigos sábios, argumentamos: "Todos nascemos de punhos cerrados, mas todos devemos morrer de mãos abertas". É digna de atenção essa alegoria "punhos cerrados" e "mãos abertas". O espírito de desapossar sugere que a totalidade das coisas deste mundo, por mais sedutoras e fascinantes que sejam, não pode ter minha permissão a fim de me prender, reter ou acorrentar. Desapossar evidencia que nada deve estar tão fortemente fixado em mim que eu disso não possa me libertar. Devo, em todo e qualquer momento, ser livre, ser eu mesmo, digno e autorresponsável, mas desobrigado de qualquer governo ou opressão de algo ou de alguém que me possa aprisionar de modo tirânico e doentio.

Allan Kardec termina sua dissertação referindo-se à aristocracia do futuro, que ele denomina **aristocracia intelecto-moral**. Argumenta ele: "*Como vimos, todas as aristocracias tiveram sua razão de ser; nasceram do estado da Humanidade; assim há de acontecer com o que se tornará uma necessidade. Todas preencheram ou preencherão seu tempo, conforme os países, porque nenhuma teve por base o princípio moral; só este princípio pode constituir uma supremacia durável, porque terá a animá-la sentimentos de justiça e caridade. A essa aristocracia chamaremos: aristocracia intelecto-moral.*"

ANDRÉ LUIZ, nome atribuído pelo médium Chico Xavier a um dos espíritos amigos mais frequentes em suas obras psicografadas. Autor dos livros Nosso Lar, Os Mensageiros, Missionários da Luz, Obreiros da Vida Eterna, No Mundo Maior e outros tantos.

capítulo 17

IDENTIFICAÇÃO E IMITAÇÃO

66 *(...) recapitula (a alma), nos primeiros dias da existência intrauterina, no processo reencarnatório, todos os lances de sua evolução filogenética, a consciência examina em retrospecto de minutos ou de longas horas, ao integrar-se definitivamente em seu corpo sutil, (...)* **99** [1]

ANDRÉ LUIZ

[1] Francisco Cândido Xavier e Waldo Vieira ditado pelo espírito André Luiz, *Evolução em dois mundos*, 1ª ed. especial, pág. 102, FEB Editora.

IDENTIFICAÇÃO
E IMITAÇÃO

A relação entre natureza e cultura ("*nature*" e "*nurture*"), há muito tempo tem gerado pontos de vista diversificados entre biólogos e cientistas sociais.

A **teoria da "Nature"** é baseada na Genética e na ancestralidade. Os cientistas sabem, há anos, que traços como a cor dos olhos e do cabelo, a diversidade das raças, certas doenças e muitas outras coisas são determinadas por genes peculiares, codificados em cada célula humana. Do ponto de vista materialista, esses teóricos da Natureza ousam dizer que os traços mais abstratos, como a inteligência, bondade, polidez, vingança, agressão, entre outros tantos, são também regulamentados no DNA de um indivíduo.

Os primatólogos e geneticistas afirmam que os homens são quase iguais, em termos genéticos, a outros primatas não humanos. Segundo eles, devido a essa identificação de genes, aquilo que costumamos chamar de "qualidades e defeitos" está geneticamente embutido nos espécimes dos primatas.

Os adeptos da **teoria da "Nurture"** asseveram que as características humanas sedimentam-se no meio ambiente, cultura e ensino. Eles se baseiam nas condições ambientais, psicológicas e éticas que envolvem os indivíduos. Embora não ignorem a ascendência da predisposição genética, defendem os fundamentos da educação como os grandes influenciadores da conduta humana e dizem que, apesar dos genes, nossos aspectos comportamentais têm origem nos costumes, hábitos e na forma como fomos educados. Seus estudos sugerem, por exemplo, que senso de humor é uma característica aprendida, sob o influxo de regras sociais, caráter ambiental e tradições, não determinado geneticamente. Se o espaço em que vive não fosse impositivo para os traços de um indivíduo, o que poderíamos dizer sobre os gêmeos idênticos quando educados separados? Fisicamente idênticos entre si, mostram-se diferentes em muitos aspectos, embora em outros sejam bastante semelhantes.

Então, a maneira como nos comportamos foi determinada antes de nascermos? Ou será que ela se desenvolveu ao longo do tempo, como resultado de nossas experiências e valores culturais?

Um gene influencia, mas não decide de forma incondicional um comportamento humano; não somos conduzidos por uma fatalidade biológica. E essa evidência é consenso entre pesquisadores de ambas as teorias.

É certo que o gene pode aumentar a probabilidade de desenvolvermos determinada doença, ou aguçar uma maneira particular de nos comportarmos; ele, porém, não nos obriga a ser o que não queremos nem a estar onde não desejamos. Isso significa que, assim como continuamos a ter nossas tendências e inclinações genéticas, também possuímos a alternativa da escolha, a opção do equilíbrio, a capacidade de decidir quem vamos ser e qual caminho seguiremos.

É bom lembrarmos, que não devemos absolutizar o determinismo, porque ninguém pode extinguir o livre-arbítrio, com o qual mudamos, aprendemos e transformamos nosso destino.

O professor Rivail perguntou aos nobres Emissários: *"Sob o ponto de vista puramente físico, os corpos da raça atual são uma criação especial ou procedem dos corpos primitivos por via da reprodução?"*

E os Espíritos responderam à questão com sabedoria: *"A origem das raças se perde na noite dos tempos; mas como pertencem todas à grande família humana, qualquer que seja a origem primitiva de cada uma, elas puderam se misturar entre si e produzir novos tipos"*[2]. A alma humana, na tarefa evolutiva de suas inúmeras existências, vai sedimentando múltiplas capacidades, conquistas, habilidades e possibilidades na sua mente espiritual, em cujos domínios misteriosos vão se arquivando as recordações de antanho.

Com suas pesquisas[3], de Waal evidencia que a distância entre o ser humano e os primatas é infinitamente menor do que muitos cientistas e filósofos pensaram – o que reafirma as ideias do inglês Charles Darwin sobre a evolução. Em seu livro, Frans revela como os padrões de **identificação** e até a noção de **imitação** são verificados nos parentes do homem – e têm, portanto, uma raiz biológica comum.

Essa predisposição para **imitar** é vista em muitos pais humanos, quando alimentam os filhos pequenos. Ao aproximar-se do filho, com a colher de mingau perto de sua

---

[2] **Questão 690** – Sob o ponto de vista puramente físico, os corpos da raça atual são uma criação especial ou procedem dos corpos primitivos por via da reprodução?
– *A origem das raças se perde na noite dos tempos; mas como pertencem todas à grande família humana, qualquer que seja a origem primitiva de cada uma, elas puderam se misturar entre si e produzir novos tipos.*
[3] Frans de Waal, *Eu, Primata - Por Que Somos Como Somos*, Companhia das Letras, pág. 218 e 219.

boca, o adulto abre a própria boca no mesmo instante em que a criança abre a dela e, muitas vezes, até acompanha o ato de comer com movimentos da língua simultâneos aos gestos do bebê, funcionando, assim, o processo de **imitação**. Semelhantemente, quando suas crianças estão mais velhas e vão representar uma peça teatral na escola, os pais ansiosos, na plateia, movem os lábios tentando repetir o *"script"* de seus filhos.

A **identificação**[4] corporal é comum em animais, relata de Waal. Em certa ocasião, na colônia de Arnhem, Luit, um chimpanzé macho, machucou a mão numa luta. Começou a apoiar-se no punho fechado, claudicando de um jeito esquisito. Logo depois, todos os jovens do seu grupo estavam andando do mesmo jeito. Continuaram com a brincadeira por meses, muito depois de a mão de Luit estar curada.

Um macaco vê outro se coçar e imita-o, e os grandes primatas bocejam quando assistem a um vídeo que mostra outro grande primata bocejando. Também nós agimos assim e não só ao ver alguém da nossa espécie. Certa vez, relatou o professor de Waal que, ao assistir a uma projeção de *slides* que mostravam animais bocejando, ele se viu cercado por uma plateia lotada de bocas abertas. Ele também não conseguiu deixar de bocejar, concluiu.

Fomos programados para sentir enorme aversão ao vermos a dor de outra pessoa, ou ao ouvirmos apelos de socorro de quem sofre. Por exemplo, é comum crianças pequenas ficarem transtornadas, de olhos marejados e correrem para o colo da mãe em busca de segurança,

---

[4] Frans de Waal, *Eu, Primata - Por Que Somos Como Somos*, Companhia das Letras, págs. 219 e 220.

quando veem outra criança cair e chorar. Elas não estão preocupadas com a outra, mas perturbadas com as emoções que esta demonstra. Só quando mais velhas é que separarão as próprias emoções das de terceiros.

Choro ou riso, reflexos do recém-nascido, nada mais são do que emoções que tendem a suscitar sensações equivalentes, resultantes de dor ou de alegria, fenômeno bastante conhecido em sala cheia de bebês choramingando ou esboçando sorrisos. Hoje sabemos que o contágio emocional reside em partes do cérebro tão primitivas que as temos em comum com os mais diversos animais: ratos, cães, elefantes, macacos, etc. Esse choro ou riso é a réplica empática dominante durante os primeiros anos dos bebês, sendo depois substituída por posturas mais maduras, que tentam compreender o comportamento do outro.

Os indivíduos associam-se uns aos outros pela emoção ou pensamento, por dor física, alegria, luto, jogos e por outras tantas coisas. Podemos ter uma desmedida participação, de modo imperceptível, muito mais do que individualmente, porque, na multidão, os conteúdos inconscientes são projetados num grupo numeroso de manifestantes e fazem com que essa mesma multidão funcione como um arrastão (horda), levando as criaturas de forma impensada.

No entender de Carl Jung, não há nenhuma forma possível de proteção ao que ele chama de "contágio emocional". Afirma Jung que, uma vez ativada a emoção em certo sistema psíquico, ela atua de forma direta em outro e, como resultante, surgem atos e atitudes irracionais e emocionalistas.

Algumas das atuais teorias psicológicas reportam-se

ao contágio pelo riso ou pelo bocejo, através de exemplos claros e elucidativos. Basta ouvirmos uma insistente gargalhada para começarmos a rir também. O que acontece é que acabamos rindo de maneira tola, mesmo sem saber por que o outro está rindo. Isso porque é impossível controlar o riso.

O mesmo se observa com o ato de bocejar: ele é contagiante, é um processo involuntário. Bocejar como reação ao bocejar alheio é, em princípio, um comportamento reflexo inato. Assim, a suscetibilidade – capacidade de receber as impressões – ao bocejar de outrem é transmitida energeticamente, igual a muitos outros nossos comportamentos automáticos.

Assim como a contaminação por certas bactérias pode causar enfermidade, o contágio com a verdade pode desenvolver no indivíduo a capacidade de ser verdadeiro. Diz La Rochefoucauld: "Nada é tão contagioso como o exemplo, e nunca fazemos grandes bens, nem grandes males, sem que eles gerem outros semelhantes".

Sob a ação de emoções destrutivas, ficamos contaminados por uma espécie de "afecção virulenta" e fazemos coisas que jamais imaginávamos fazer. Ao sermos envolvidos por emoções ardentes perdemos o autocontrole; nosso lado sombrio e desconhecido passa a nos dominar e não conseguimos impedir o impulso desajuizado. Em grupo, essa condição pode suplantar os limites da civilidade e, então, agimos de modo bestial.

Melhor elucidando: quando estamos no meio de um bando enfurecido e instigado por razões esportivas, religiosas ou políticas, acabamos por aderir às mesmas ideologias ainda que, até alguns momentos antes, fôssemos completamente neutros em relação a elas. Podemos observar as consequências dessas atitudes ancestrais **(identificação e imitação)** quando nações inteiras são levadas a uma fé cega, a uma doutrina fanática, a um governo intolerante, ou a uma dedicação excessiva e apaixonada a algo ou a alguém.

NICOLAS CAMILLE FLAMMARION, astrônomo francês e amigo de Allan Kardec. Fundou a Société Astronomique de France em 1887. Seus trabalhos para a popularização da astronomia fizeram com que fosse agraciado, em 1912, com um prêmio da Legião de Honra.
(26/02/1842 - 03/06/1925)

capítulo 18

CORRIGENDA E PRESSÃO EMOCIONAL

66 *(...) Podemos, assim, encarar Deus como um pensamento imanente, residente inatacável na essência mesma das coisas, sustentando e organizando, Ele mesmo, as mais humildes criaturas, tanto quanto os mais vastos sistemas solares, de vez que as leis da Natureza não mais seriam concebíveis fora desse pensamento, antes são dele eterna expressão. (...)* **99** [1]

CAMILLE FLAMMARION

---

[1] Camille Flammarion, *Deus na Natureza*, pág. 394, 7ª ed., FEB Editora.

CORRIGENDA E PRESSÃO EMOCIONAL

Escreve Léon Denis, com sua inspiração superior, sobre as leis divinas: *"Deus nos fala através de todas as vozes do Infinito. Ele nos fala, não numa bíblia escrita há séculos, porém numa bíblia que se escreve todos os dias, com esses caracteres majestosos que se chamam oceanos, mares, montanhas e astros do céu; através de todas as harmonias suaves e graves que sobem do seio da Terra ou descem dos Espaços etéreos.*

"(...) Aí se manifesta esse reflexo, esse gérmen divino, escondido em toda alma humana. É por isso que a alma humana é o mais belo testemunho que se eleva em favor da existência de Deus: ela é um reflexo da alma divina. Contém, em si mesma, em estado de embriões, todas as potências, e seu papel, seu destino consiste em valorizá-las no decorrer de suas existências inumeráveis, nas suas transmigrações através dos tempos e dos mundos."[2]

Críticos das ortodoxias e dogmatismos religiosos e dos sistemas milagrosos amplamente difundidos no século XIX, Léon Denis e Camille Flammarion foram dos mais notáveis colaboradores de Allan Kardec na época. As obras espíritas desses extraordinários homens ampararam e nutriram várias gerações de estudiosos do Espiritismo, tanto no Brasil como em outros países: elas foram e são até os dias atuais um manancial de importantes reflexões que o movimento kardecista utiliza nas áreas científica, filosófica e religiosa.

---

[2] Léon Denis, *O Grande Enigma*, pág. 74, 3ª ed. especial, FEB Editora.

Esses dois homens do saber dedicaram-se à conscientização da religiosidade inata ou da religião natural, sem dogmas, sem mistérios e sem sobrenatural, ratificando e confirmando o pensamento do Codificador. Eles visualizaram que no futuro, a religião será professada individualmente pela criatura que ultrapassou a "mente religiosa" e desenvolveu em si a "mente religiosidade". Aliás, religião natural ou religiosidade é o fruto do sentimento inato da existência de Deus que o espírito conserva ao encarnar.

Citamos novamente Camille Flammarion[3]: "A existência do Espírito na Natureza, nas leis do cosmos, no homem, nos animais e nas plantas é manifesta. Ela deve bastar para estabelecer a religião natural. E tal religião será incomparavelmente mais sólida que todas as formas dogmáticas."

O interesse pela ordem e bem estar da comunidade pode também ser observado em nossos parentes símios mais próximos. O senso de moral tão buscado pelos seres humanos tem como base um comportamento ontogênico profundamente enraizado. Podemos dizer que estão nas leis da Natureza, que antes são de Deus eterna expressão...

Os valores da moralidade – conjunto de bens considerados universalmente como norteadores das relações sociais e da conduta dos homens – podem ter evoluído gradualmente a partir de algumas origens. Eles não surgiam do nada, tem como indícios uma forma primitiva evolucionária, afirmam os cientistas.

O primatólogo Frans de Waal discorre sobre **advertências** e **repreensões** – ato de procurar corrigir ou eliminar

---

[3] Camille Flammarion, *Mémoires Biographiques et Philosophiques d'un Astronome*, Ernest Flammarion Éditeur, 1911.

maus hábitos – existentes entre os membros do bando de símios. Diz ele[4] que é fascinante o jeito como as fêmeas mais velhas censuram ou endireitam as jovens do grupo e, na maioria das vezes, isso é feito sem qualquer hostilidade ou provocação declarada. As fêmeas de idade madura (que necessariamente não têm de ser a mãe verdadeira) são vistas como figura materna pelas mais novas, e aquelas repreendem estas por meio de atitudes, isto é, rejeitando um gesto amistoso, recusando partilhar a comida, dando as costas e afastando-se quando a jovem tenta fazer-lhes *grooming*.

Segue explicando que as mais velhas fazem uma espécie de **pressão emocional** para **corrigir** ou colocar na linha as adolescentes. Estas podem até ter manifestação súbita de raiva, que as matronas observarão com uma postura de absoluta tranquilidade e de modo imperturbável, por já terem visto muitas vezes esse ataque repentino. As razões do desprezo ou descaso são, na maioria das vezes, representadas de forma sutil. O desdém pode ocorrer horas depois que a mais nova beliscou uma das crias da prole, apossou-se de um pedaço do alimento que a mais velha estava prestes a pegar, ou não se afastou do macho alfa quando a outra chegou para fazer-lhe *grooming*.

Se os fatos narrados lhes lembrar algo, acredite, não os atribua meramente ao acaso...

Mas não há como negar que a chantagem ou **pressão emocional** é um dos mais básicos e menos conscientes reflexos psicológicos da espécie humana, também encontrada

---

[4] Frans de Waal, *Eu, Primata - Por Que Somos Como Somos*, Companhia das Letras, pág. 89.

em outros animais, podendo muito bem, portanto, ser considerada um comportamento instintivo.

Chama-se chantagem emocional ou psicológica a conduta de determinadas criaturas de nosso convívio ao nos manipular de forma implícita ou não, embora a mais comum aconteça de modo dissimulado.

Os chantagistas podem conhecer nossos segredos e pontos frágeis e o valor que damos ao relacionamento com eles. Atuam na família, no trabalho ou no círculo de amigos. Podem ser cônjuges, filhos, parentes, um empregador ou namorado, dentre muitos outros. Parece que se preocupam muito conosco; na realidade, aproveitam-se de nossa ingenuidade e fraqueza emocional para mandar em nós e conseguir o que querem: submeter-nos.

Quando percebemos que estamos diante de um chantagista emocional, nos induzindo a dizer algo que poderá nos comprometer no futuro, a primeira atitude a ser tomada é não dizer nada de imediato. É imprescindível dar tempo ao tempo para nos manifestarmos perante o fato. É preciso sentir e pensar para agir e, assim, fortalecer-nos intimamente antes de tomarmos qualquer atitude.

Para avaliarmos as coisas com bom senso e clareza, eis aqui algumas frases que podemos utilizar dependendo das circunstâncias: "Depois lhe dou uma palavra final, agora não me sinto firme diante do que me pede". "O que você me solicita é muito importante para que possa decidir depressa; dê-me um tempo...". "Neste momento, não estou num bom estado de espírito; decidirei mais tarde"; ou "Preciso refletir, agora não posso lhe dar uma resposta concreta".

Se percebermos que a chantagem é séria e envolve

questões vitais e se nos sentirmos também vulneráveis, adiaremos a resposta ainda mais, ou seja, até o momento em que tivermos coragem de dizer o que sentimos e pensamos a respeito do assunto em pauta.

Entre os seres humanos, o uso da **pressão emocional** com os filhos é muito frequente. Podemos até considerá-la uma tática irrefletida. Outrora, não tínhamos noção dessa conduta coercitiva; todavia, na atualidade, sabemos ser uma forma deficiente de educação, por parte de alguns adultos inseguros que, em vez de fazerem uso da razão e do bom senso, tentam persuadir os filhos a mudarem de comportamento, apelando para a chantagem psicológica. O chantagista recorre ao medo e impõe obrigações e deveres à base de culpa.

A família que utiliza a ameaça ou intimidação, antes deseduca, pois, na verdade, desestabiliza o filho em vez de ensiná-lo a renovar as atitudes. Os mais jovens devem ser orientados, não pressionados e, para tanto, é preciso haver acolhimento, afeto, proteção, respeito e aconchego. De forma alguma, os pais devem impor condições para dar amor aos filhos. O amor não deve ser uma barganha – troca de favor e/ou privilégio à base de permuta ou ultimato. O carinho familiar não deve fazer exigências, precisa ser espontâneo e independente da conduta (conveniente ou não) da criança.

A chantagem é a sagacidade dos fracos, como a educação é o predicado dos lúcidos. Os inseguros usam a intimidação, enquanto os autoconfiantes usam as ideias para atingirem suas metas. A educação é a forma mais poderosa que podemos usar para mudar nosso mundo íntimo e, como resultado, o mundo lá fora.

LOUIS PASTEUR, cientista francês. Suas descobertas tiveram enorme importância na história da química e da medicina. Entre seus feitos mais notáveis pode-se citar a redução da mortalidade por febre puerperal, e a criação da primeira vacina contra a raiva.
(27/12/1822 - 28/07/1895)

capítulo 19

LIDERANÇA
E COMANDO

> **"** *Um pouco de ciência nos afasta de Deus. Muito, nos aproxima.* **"**
>
> **LOUIS PASTEUR**

LIDERANÇA E COMANDO

De acordo com os Espíritos Superiores, "(...) passa o Espírito essa primeira fase do seu desenvolvimento (...) numa série de existências que precedem o período a que chamais Humanidade."[1]

Os chimpanzés não utilizam afabilidade em seus rituais de saudação. Nessas ocasiões, o macho alfa (dominante) apresenta-se por meio de atitudes ritualizadas manifestando agressividade, ostentando pelos eriçados e chocando-se com qualquer um que não saia de sua frente. A demonstração tem o objetivo de atrair e impressionar o bando, para que ele seja notado com muita consideração. Cientistas já observaram um macho alfa que adquiriu certos hábitos de mover pedras enormes e lançá-las barranco abaixo, assim produzindo vanglória e uma exibição presunçosa de total e incontestável supremacia.[2]

Não é difícil imaginar o terror que toma conta do bando. Diante desse espetáculo de poder e demonstração de domínio e força, eles passam a reverenciá-lo. Dizem os observadores que, em seguida, o macho alfa senta e fica como um tirano aguardando que a plateia lhe faça

---

[1] **Questão 607** – Foi dito que a alma do homem, em sua origem, está no estado da infância na vida corporal, que sua inteligência apenas desabrocha e ensaia para a vida (190); onde o Espírito cumpre essa primeira fase?
– *Numa série de existências que precedem o período a que chamais humanidade.*
[2] Frans de Waal, *Eu, Primata - Por Que Somos Como Somos*, Companhia das Letras, págs. 76 e 77.

um sinal de submissão. Alguns chimpanzés do grupo dão sinal de aprovação com certa relutância, mas depois, em conjunto, mostram respeito fazendo *bobbing* (sacudir; fazer reverência), demonstrando ruidosamente, com grunhidos arfantes, obediência à autoridade que veem nele.

O macho líder parece prestar bastante atenção a essas saudações respeitosas, pois, na próxima demonstração de agressividade e poder, escolhe justamente os que deixaram de reconhecer sua importância, dispensando para estes "tratamentos particulares", para que, da próxima vez, não se esqueçam de demonstrar acatamento e aclamação.[3]

De acordo com os pesquisadores e estudiosos, o gênero *Pan* é constituído do *Pan troglodythes*, o mais comum, com várias espécies de chimpanzés; e do *Pan paniscus*, chamado de bonobo – também designado de "chimpanzés-pigmeus". Eles se separaram do tronco do nosso ancestral comum há cerca de seis a oito milhões de anos e têm enorme afinidade genética com as criaturas humanas.[4]

Na sociedade dos chimpanzés, reina de modo geral o autoritarismo do macho alfa. No entanto, muitas vezes, um símio jovem une-se a outros para matar o macho dominante e ocupar o seu lugar. É muito comum ver o líder cair em ciladas e ser morto. São os únicos grandes primatas, além do homem, a matar com o objetivo de alcançar domínio e poder.

Em verdade, o chimpanzé alfa não é essencialmente

---

[3] e [4] Frans de Waal, *Eu, Primata - Por Que Somos Como Somos*, Companhia das Letras, págs. 77 e 20 respectivamente.

o mais forte. A força física deixa de ser a característica vital dos machos dominantes, dando lugar à qualidade de estabelecer, no bando, conchavos ou acordos mais eficientes. Por exemplo: quando morre o dominante e sua sucessão é pleiteada por outros machos com *pedigree* de condição inferior, é comum vê-los apanhar e atirar as mais gostosas e apreciadas frutas, distribuindo-as aos membros do grupo. A luta pelo mandato, nesse caso, faz surgir uma espécie de ardilosa política como ferramenta de dominância. É criado certo clientelismo para compor um reduto eleitoreiro. Uma vez escolhido um desses chimpanzés concorrentes para o posto de chefia, não mais se vê nenhum deles repetir tal gesto demagógico (ação que se utiliza do apoio popular para conquista ambiciosa de poder).

Já na coletividade bonobo, reina a lealdade ao líder e até um pouco de democracia com certo toque de "aristocracia". O macho dominante é escolhido pelo grupo de fêmeas, e nem sempre as decisões são tomadas unicamente pelo líder. Há menos manobras políticas entre os bonobos: suas coalizões dependem de parentesco. O bonobo macho, para ascender na escala social, depende de sua mãe e da posição que ela ocupa (alfa ou não) em relação às outras fêmeas. A vida em uma sociedade matriarcal funciona de forma diferente.[5]

Há incríveis semelhanças quanto à agressividade entre os chimpanzés e o homem quando querem demonstrar autoridade para comandar ou liderar outros, como também

---

[5] Frans de Waal, *Eu, Primata - Por Que Somos Como Somos*, Companhia das Letras, pág. 90.

há analogia com os seres humanos sobre o sentimento participativo, traços vistos nos macacos bonobos com relação às lides de chefia e mando.

Seja nos suntuosos parlamentos, senados e congressos nacionais da atualidade, seja nas modestas assembleias legislativas, câmaras de vereadores, ou em quaisquer simples associações de bairro, sempre esperamos que os indivíduos que se ocupam dos assuntos públicos e dos interesses da coletividade resolvam suas diferenças partidárias e ideológicas utilizando a atividade mental, por meio de argumentos coerentes, operações intelectuais e recursos de lógica. Infelizmente, porém, não é o que vemos. Com frequência há gritos, contendas e discussões inflamadas, culminando até em agressão física.

Isto lhe lembra algo parecido? Acredite: nada existe aos ventos do acaso.

As corporações humanas são conduzidas muito mais por ativistas emocionais do que por ativistas de ideias e ideais. A humanidade atual veio de uma longa linhagem, contudo são os traços instintivos que amiúde falam mais alto, denunciando a falsa polidez e evidenciando a ancestralidade.

A observação científica revela que, além da aparência anatômica, compartilhamos certas características comportamentais com esses primatas. Conhecê-los é também um "treino de avaliação" de como governamos a nós mesmos e de como governamos os outros nos diferentes campos da sociedade.

É um equívoco, portanto, julgar que a conduta do homem surgiu do nada ou que é somente um produto dos costumes e da cultura. Foi a Natureza que proveu a vida em sociedade tal e qual a conhecemos, e não o homem. As leis da Natureza são obras-primas da criação divina.

Tem o mesmo ponto de vista Camille Flamarion[6]: "Possam os nossos espíritos se compenetrarem, cada vez mais, do Belo manifestado na Natureza e santificarem-se no Bem, com o apreciarem mais completamente a unidade da obra divina, fazendo uma ideia mais justa do nosso destino espiritual (...)."

Em se tratando de **liderança e comando**, é necessário validar que o governo mais importante é o de si próprio; por consequência, ele irá determinar a forma de governo que apreciaremos exteriormente.

No mundo pessoal, uma das batalhas mais intensas que temos de encarar com nós mesmos é a de abrirmos mão da necessidade autoritária de estarmos sempre certos. Comumente, só quando desistimos dessa postura arrogante é que compreendemos que o duelo no "jogo do poder" é uma luta inglória. No momento presente, não precisamos mais dos comportamentos de "machos alfas", que demonstram seu domínio rosnando coléricos; ou ameaçam arreganhando os dentes e dilacerando, até que sua superioridade seja posta à prova diante de outro integrante do grupo. Se o indivíduo não adquirir o domínio necessário sobre si mesmo, poderá viver como um tirano ou um déspota, querendo controlar o mundo exterior.

No mundo coletivo, certos indivíduos pensam ser verdadeiramente livres, por conviverem num regime de independência política, sem notar, porém, que vivem iludidos em um regime político impositivo, travestido de

---

[6] Camille Flammarion, *Deus na Natureza*, 7ª ed., pág. 412, FEB Editora.

democracia. São completamente cegos, pois não percebem que só têm uma possibilidade diminuta de liberdade durante as eleições; depois delas, estarão sujeitos a obedecer às ordens dos governantes autoritários eleitos.

Aliás, é bom lembrar que muitos de nós vivemos contidos numa "robotização de hábitos", excessivamente ajustados a costumes atávicos: hereditariedade de características biológicas, cármicas, psicológicas, comportamentais e outras tantas.

A necessidade de controlar é um hábito milenar, do qual podemos, porém, libertar-nos com facilidade. Não renovar ideias e condutas é o que nos mantém presos ao círculo vicioso das reencarnações dolorosas, pois a pior guerra é aquela travada em nossa intimidade, num combate silencioso e insensível contra diferentes costumes, povos e culturas. Parece-nos que a estirpe dos primatas ainda se sobrepõe ao modo de proceder com bom senso.

Só quando analisarmos profundamente as raízes do comportamento humano é que entenderemos essa remota compulsão de **liderança** por meio da força bruta. Segundo Mahatma Gandhi, "Aquele que não é capaz de governar a si mesmo, não será capaz de governar os outros".

Quando desistimos da posse tirânica, por acreditarmos que nem tudo nos pertence, e renunciamos àquilo que diz respeito ao semelhante, nasce em nós a "noção do direito". Assim, quando temos visão clara das obrigações mútuas, ficamos cientes da liberdade de escolha e passamos a entender os princípios de ação e reação e, por conseguinte, a compreender que as respostas da vida não funcionam de modo aleatório.

Infelizmente, vemos todos os dias e em todos os rincões do planeta várias comunidades prejudicadas, vítimas da ganância e da incompetência de homens que nem conseguem governar a si próprios e que, por isso mesmo, não poderiam estar liderando povos e nações.

NICOLAS CAMILLE FLAMMARION, astrônomo francês e amigo de Allan Kardec. Fundou a Société Astronomique de France em 1887. Seus trabalhos para a popularização da astronomia fizeram com que fosse agraciado, em 1912, com um prêmio da Legião de Honra.
(26/02/1842 - 03/06/1925)

capítulo 20

CIÚME E POSSESSIVIDADE

66 *A ordem universal reinante na Natureza, a inteligência revelada na construção dos seres, a sabedoria espalhada em todo o conjunto, (...) apresenta-nos, já agora, a onipotência divina como sustentáculo invisível da Natureza, lei organizadora, força essencial, da qual derivam todas as forças físicas, como outras tantas manifestações particulares, suas. (...)* **ᲡᲡ** [1]

CAMILLE FLAMMARION

---

[1] Camille Flammarion, *Deus na Natureza*, 7ª ed., pág. 394, FEB Editora.

CIÚME E POSSESSIVIDADE

O **ciúme** é um estímulo natural e automático que nasce diante de uma circunstância concreta ou imaginária, ou ainda esperada, de perda de afeto. Trata-se de um impulso que pode produzir raiva ou ressentimento projetado contra as pessoas ou até contra si mesmo.

O desejo de **posse** pode revelar-se explicitamente num ataque de "nervos", numa crise temperamental; em outras circunstâncias, de modo implícito, é sutilmente camuflado, assumindo atitudes ignoradas pelo próprio indivíduo. Se a **possessividade** for inconsciente, a criatura adota manifestações de oposição gratuita, rivalidade e agressão, mas se alguém atribui essas manifestações ao **ciúme**, ela recusa-se a admitir e nega-as com impetuosidade.

Quanto mais vigorosa a negação, tanto mais forte é a dissimulação e mais óbvia fica a postura ciumenta. O possessivo traz em si uma enorme aura de monopolização.

Ciúme é uma emoção até então considerada exclusiva dos seres humanos. Entretanto, a cada dia que passa, nota-se que não apenas essa, mas também outras emoções humanas, estão presentes entre os não humanos. Ele é comparável a uma farpa espetada no corpo, que machuca tanto os outros como fere aquele que a carrega, deixando-o enfermo e muito infeliz.

Sobre **ciúme** e **posse**, de Waal[2] narra um exemplo

[2] Frans de Waal, *Eu, Primata - Por Que Somos Como Somos*, Companhia das Letras, págs. 98 e 99.

ESTAMOS PRONTOS

típico que ocorreu quando Jimoh, o macho alfa de seu grupo de chimpanzés, na Estação de Campo Yerkes, desconfiou que estivesse ocorrendo às escondidas o acasalamento entre uma das suas fêmeas favoritas e um macho adolescente. Este e a fêmea haviam desaparecido de modo discreto, e Jimoh saíra à procura deles. Normalmente, o velho macho se limitaria a perseguir o culpado, contudo, por alguma razão – talvez porque essa fêmea se recusara a acasalar-se com ele naquele dia –, ele investiu contra o outro a toda velocidade e não se abrandou.

A perseguição continuou e o jovem macho fugiu aos gritos, com diarreia de tanto pavor, caçado implacavelmente por Jimoh. Antes que o alfa conseguisse concluir seu propósito, porém, fêmeas entraram em cena, emitindo gritos de indignação, que é um tipo de vocalização usado em protesto contra agressores e intrusos.

A princípio, elas olharam ao redor para ver como o resto do grupo poderia reagir e, quando outros se juntaram a elas, especialmente a fêmea alfa, a intensidade dos gritos aumentou até que quase todas as vozes formaram um coro ensurdecedor. Dava a impressão de que o grupo estivesse fazendo uma votação. Mas, assim que o protesto intensificou-se, Jimoh, com um esgar nervoso, cessou o ataque: tinha entendido o recado. Se não tivesse parado, sem dúvida haveria uma ação conjunta para dar fim ao tumulto – finaliza o especialista holandês.

Considerando as raízes ancestrais e inerentes à evolução humana, podemos dizer que a emoção do **ciúme** não é um comportamento aprendido. Não foi adquirido por experiência nem por força da socialização; é, antes de tudo, uma reação instintiva e natural, comum tanto no reino animal como no humano. Filhote canino é, muitas vezes, sinônimo de **ciúme** ao cão mais velho. A atenção e o carinho dados ao recém-chegado podem provocar acessos de fúria e irritação no outro, por despeito.

Nos humanos adultos, esses sentimentos podem ser disfarçados e transformados em atos de depreciação ou de desdém. Já as crianças, por serem destituídas de segundas intenções e de malícia, demonstram-nos mais facilmente, rasgando, beliscando, empurrando, chorando e jogando fora o objeto alvo.

É comum imputar a origem do ciúme na criança ao nascimento do novo irmãozinho. Isso, todavia, nem sempre é conclusivo, mas é bem provável que aí esteja uma das raízes mais comuns no reino doméstico, não desmerecendo, é óbvio, outras possíveis causas, mesmo porque os filhos menores podem ter **ciúme** dos pais, dos avós e até de parentes e amigos da família, bem como de vizinhos. Em muitas ocasiões, não conseguimos impedir a sensação de "partilha afetiva", de "mudança do foco familiar", que acontece na intimidade do menor ciumento.

O ciúme é uma sensação que emerge da intimidade dos homens; seu desenvolvimento e o modo como se apresenta, porém, bem como as implicações e os efeitos, são conduzidos pela índole que distingue a criatura e moldados pelo ambiente familiar, valores, educação, seus desejos e necessidades e pelo gênero de confronto com desilusões, tanto quanto pela desumanidade com a qual o indivíduo foi e é tratado pelos outros.

Não devemos esperar que o ciúme ceda da noite para o dia. A rivalidade perpetrada contra o outro, a animosidade e o desentendimento que ocorreram por certo período da vida devem desaparecer de modo gradativo e ser trocados pela consideração e afeto, companheirismo e compreensão. Mas, enquanto houver no íntimo uma mácula de desconfiança, despeito, inveja e insegurança, o indivíduo pode ainda se sentir traído, em segundo plano e desabonado. De qualquer forma, o ciúme é sempre uma emoção inadequada, que causa dano e doenças e é o germe da infelicidade não só daqueles que o sentem, mas também dos que padecem suas sequelas.

O **ciúme** anda de mãos dadas com a **possessividade**. São emoções alicerçadas na sensação de possuir algo ou alguém. A ameaça de perder o amor e a segurança resultante desse amor leva, naturalmente, ao desespero e ao desequilíbrio mental, traços peculiares dos ciumentos e tão exaltados em óperas, contos, peças teatrais e romances.

Não se deve esquecer onde termina o "eu" e onde começa o "nós"; isso é imprescindível em uma vivência amorosa. Por que será que pedimos tanta fidelidade, colocamos tanto valor e damos tanta importância às outras pessoas e nunca a nós mesmos? A maneira mais eficaz de combater o ciúme é conquistar a autoconfiança. Quem não dá importância à autoconfiança não tem mais com o que se importar.

A palavra-chave para nossas desconfianças está dentro de nós. Esperamos dos outros em excesso, idealizamos e criamos expectativas além da conta. Assim, perpetramos em nossa vida um ciclo vicioso e no final sempre acabamos nos frustrando e torturando-nos continuamente.

A criatura ciumenta é, para si e para os outros, um enorme fardo que acaba por repelir ou afastar todos de sua convivência. Suas reivindicações por amor e amizade distanciam-na ainda mais desse mesmo amor e amizade tão ardentemente buscados. **Possessividade** é algo que corrói qualquer vinculação afetiva; na verdade, todo e qualquer tipo de relação deve ser baseado em confiança e sinceridade. Quando a posse desaparece, em breve ela é transformada em seu oposto: uma generosidade singular.

HIPPOLYTE LÉON DENIZARD RIVAIL, educador, escritor e tradutor francês. Sob o pseudônimo de **Allan Kardec**, notabilizou-se como o codificador do Espiritismo (neologismo por ele criado), também denominado de Doutrina Espírita.

(03/10/1804 - 31/03/1869)

capítulo 21

ESTADISTAS E ARTIMANHAS

66 (...) Segundo a opinião de alguns filósofos espiritualistas, o princípio inteligente, distinto do princípio material, individualiza-se, elabora-se, em passando pelos diversos graus da animalidade; é aí que a alma ensaia para a vida e desenvolve as suas primeiras faculdades pelo exercício; seria, por assim dizer, o seu tempo de incubação. (...). **99** [1]

A GÊNESE

---

[1] Allan Kardec, *A Gênese*, Pág. 174, 3ª Ed., Boa Nova Editora.

ESTADISTAS E ARTIMANHAS

As alianças e acordos que os chimpanzés estabelecem entre si são tão interessantes que Frans de Waal escreveu um livro chamado *"Chimpanzee Politics"*, só se referindo à política entre eles.

No livro *Eu, Primata – Por Que Somos Como Somos*, ele[2], um dos primatólogos mais respeitados do mundo, relata que nas montanhas Mahale, na Tanzânia, pesquisadores de campo viram chimpanzés machos mais velhos agirem como "testas de ferro" ou "usar o poder por trás do trono". Assim que um macho alfa entrava em decadência física, em razão da idade, começava a adotar **artimanhas** ou a fazer **pactos**, tomando partido ora de um, ora de outro mais jovem, tornando-se desse modo uma "eminência parda" – aquele que permanece anônimo e comanda indiretamente. A estratégia desses símios era utilizar sua fraqueza física como **manobra** capciosa, para que pudessem comandar de modo sub-reptício e não se mostrarem servindo-se de outros símios juvenis.

Isso faz lembrar certos políticos veteranos com muita influência na vida pública – grisalhos e madurões –, **estadistas** hábeis na arte de governar, que desistiram de ocupar altos cargos, mas lá colocaram adultos jovens – amigos e parentes – a fim de permanecerem manobrando o poder de forma indireta. Esse é o protótipo de criaturas

---

[2] Frans de Waal, *Eu, Primata - Por Que Somos Como Somos*, Companhia das Letras, pág. 104.

ardilosas, que se utilizam de **conchavos** ou **artimanhas** para conseguir tudo o que desejam; conduzem a situação de forma a sempre se sair bem.

Relata o Ph.D. que estudiosos passam centenas de horas observando minuciosamente os grunhidos arfantes e guinchados que emitem os chimpanzés a outros membros aos quais eles atribuem um *status* superior. E constataram que o macho dominante pode receber esses sons ruidosos como reconhecimento de submissão dos seus rivais mais imediatos, inclusive isso é o que faz dele o alfa de fato.

No entanto, mesmo que o bando possa guinchar e prostrar-se diante dele, existem circunstâncias em que esses mesmos elementos do grupo podem preteri-lo e grunhir reverenciando outro macho. Em tais situações, o alfa pode presenciar todas essas atitudes ilógicas ou controversas sem revidar o ato de desconsideração. Mas se, com o tempo, isso continuar e passar a irritá-lo, poderá dar início a uma espetacular demonstração ritualizada de agressividade e despeito, para provar que ele também é importante.

Todavia, quando o alfa consente ou finge que não vê tais reverências a outro elemento do bando é porque os machos tratados com deferência são aqueles que fazem o papel de árbitro nas disputas do poder. É como se todos "respeitassem" os articuladores ou juízes, que têm como função interferir diretamente nas decisões do bando para eleger ou destituir um macho dominante e, portanto, merecem consideração e importância. Na realidade, essa adulação ou bajulação excessiva. faz parte de **manobras** ou **jogos da política** no reino dos chimpanzés.

No Zoológico de Arnhem, declara de Waal ter percebido mais grunhidos de submissão destinados a

Yeroen (madurão e velho **estadista**), o principal árbitro nas escolhas do grupo, do que para Nikkie, o verdadeiro chefe naquela época. Essas "atividades de pressão", que buscam influenciar, aberta ou secretamente, decisões de interesses comuns, são **estratégias** e **táticas** eleitoreiras não só encontradas em nossos parentes mais próximos, os chimpanzés, mas também em nós, seres humanos, complementa o etólogo holandês[3].

Ao dizermos "**a política está no sangue**", estamos nos referindo a uma verdade incontestável. As **artimanhas** desse meio estão ancestralmente fincadas nos seres humanos. No mundo contemporâneo encontramo-las em todas as atividades da sociedade, inclusive nos círculos da fé, em que atuam os estrategistas religiosos, os coordenadores monásticos, os hábeis místicos que influenciam a opinião pública.

São dirigentes, oradores, clérigos, pastores e devotos dominadores que agem de modo furtivo na prática de conduzir os negócios "sacro-políticos". Alguns representam, de forma consciente, o papel de santificados; outros usam a mesma máscara, porém de modo inconsciente; todos são criaturas que ainda não alcançaram a autoconsciência do que fazem. A grande **política** que vige no mundo está agindo nos bastidores das áreas da fé. Além do mais, fiéis que não utilizam a arte de pensar sofrem o agenciamento de teocratas que existem em todas as tradições religiosas. A cabeça mais facilmente influenciável é aquela que está vazia das riquezas da cognição.

Teocracia é o modo de dirigir uma nação onde todas

---

[3] Frans de Waal, *Eu, Primata - Por Que Somos Como Somos*, Companhia das Letras, pág. 105.

as ações governamentais ficam sob as rédeas de alguma religião. O poder teocrático pode ser exercido direta ou indiretamente por indivíduos que professam determinada fé.

Muitos de nós nos reportamos à teocracia como se ela estivesse distante do mundo ocidental e apenas existido no Oriente da Antiguidade, onde os chefes de governo, de estado e do poder judiciário estavam submetidos aos "faraós" do Egito Antigo, às monarquias absolutistas e aos "aiatolás", enfim, ao conselho de fiéis ortodoxos e fundamentalistas. Engano, pois em nossos meios atuais a estrutura teocrata também está presente muito mais do que pensamos.

Por exemplo: os Papas, chefes de estado, eleitos em um colégio de cardeais, denominado conclave para um cargo vitalício, detêm os poderes legislativo, executivo e judicial há séculos, e não somente após a criação do estado do Vaticano. A cúria romana é o órgão administrativo da Santa Sé, conhecido como o governo da Igreja Católica. "Curia" no latim medieval significa "corte" – tribunal constituído pelo papa, cardeais e bispos; a cúria romana é a corte papal que assiste o "sumo pontífice" nas suas funções.

A mente é o aparelho nobre do Espírito, fruto de milênios de evolução ininterrupta, onde estão gravadas, de modo permanente, todas as predisposições naturais: dons, talentos, dotes de personalidade, costume, cultura, hábitos, desejos, virtudes, excitabilidade, amor, paixões e outros tantos mais. Disposições íntimas e recursos psicológicos alteram-se de alma para alma, em função das experiências vivenciais e da liberdade de agir de cada ser, durante suas experiências terrenas.

Tudo que sentimos, que pensamos e que fazemos, na fieira das reencarnações, é guardado, na forma de instintos ou reflexos no inconsciente da alma, no seu espaço mental mais profundo, estruturando dessa forma a nossa individualidade.

A política, na excelência de seu significado, ou seja, a arte de governar ou a ciência da organização, está fundamentada na mente humana há milhões de anos. É um atavismo – herança de características psicológicas, intelectuais, biológicas, comportamentais e espirituais. A política de interesses pessoais, de troca de favores, sedimentada em **subterfúgios** e **pactos escusos** usada largamente nas primeiras encarnações das criaturas humanas, pode gerar, ainda hoje, deturpação e ganância produzindo o que chamamos de afilhadagem, criadagem e politicaria.

Nenhum líder civil ou religioso tem o direito de **direcionar** ou **constranger** as escolhas e decisões das pessoas; tem sim, a obrigação de orientar e esclarecer qual é a proposta de seu partido ou doutrina. Muitas vezes vemos **estadistas** ligados a determinadas **crenças bibliólatras** votarem em leis que favoreçam a si próprios, bem como à sua organização partidária ou religiosa, sem quaisquer benefícios à população. Além do mais, não podemos esquecer que idolatria não é apenas culto a uma pessoa. Adorar um livro prestando a ele glória e honra condizentes apenas ao Criador, é considerá-lo igual à Divindade.

Qualquer semelhança não é mera coincidência – significa dizer que se houver similaridade entre fatos reais e uma história pessoal, não é causalidade.

Os Espíritos Sábios afirmam que a causa da instabilidade das leis humanas prende-se a assuntos evolutivos.

"Nos tempos de barbárie, são os mais fortes que fazem as leis, e as fazem para eles. Foi preciso as modificar, à medida que os homens compreenderam melhor a justiça. As leis humanas são mais estáveis, à medida que se aproximam da verdadeira justiça, quer dizer, à medida que elas são feitas para todos e se identificam com a lei natural."[4]

Ainda asseveram que: "A sociedade poderia ser regida somente pelas leis naturais, sem o concurso das leis humanas, se os homens as compreendessem bem; e seriam suficientes se houvesse vontade de praticá-las. Mas a sociedade tem suas exigências, e precisa de leis particulares."[5]

Encontramos as definições de política e de politicaria nas duas questões acima. Os Espíritos Superiores reportam-se às lutas partidárias, que vão se aprimorando com o passar dos tempos, ou seja, nos povos moralmente sadios, a política atingiu a sua meta de higieniação ética, enquanto que a politicaria ainda faz sua devastação doentia entre as culturas de moral diminuta.

---

[4] **Questão 795** – Qual é a causa da instabilidade das leis humanas?
– *Nos tempos de barbárie, são os mais fortes que fazem as leis, e as fazem para eles. Foi preciso as modificar, à medida que os homens compreenderam melhor a justiça. As leis humanas são mais estáveis, à medida que se aproximam da verdadeira justiça, quer dizer, à medida que elas são feitas para todos e se identificam com a lei natural.*
A civilização criou, para o homem, novas necessidades, e essas necessidades estão relacionadas com a posição social em que se colocou. Precisou regular os direitos e os deveres dessa posição pelas leis humanas. Mas sob a influência de suas paixões, frequentemente, criou direitos e deveres imaginários que condenam a lei natural, e que os povos apagam de seus códigos, à medida

que progridem. A lei natural é imutável e a mesma para todos; a lei humana é variável e progressiva. Só ela pôde consagrar, na infância das sociedades, o direito do mais forte.

[5] **Questão 794** – A sociedade poderia ser regida somente pelas leis naturais, sem o concurso das leis humanas?

– *Ela o poderia se os homens as compreendessem bem, e seriam suficientes se houvesse vontade de praticá-las. Mas a sociedade tem suas exigências, e precisa de leis particulares.*

ANDRÉ LUIZ, nome atribuído pelo médium Chico Xavier a um dos espíritos amigos mais frequentes em suas obras psicografadas. Autor dos livros Nosso Lar, Os Mensageiros, Missionários da Luz, Obreiros da Vida Eterna, No Mundo Maior e outros tantos.

capítulo 22

PRAZER E SEXUALIDADE

*66 (...) A sede real do sexo não
se acha, dessa maneira, no
veículo físico, mas sim na
entidade espiritual, em sua
estrutura complexa.
E o instinto sexual, por isso mesmo,
traduzindo amor em expansão
no tempo, vem das profundezas,
para nós ainda inabordáveis,
da vida, quando agrupamentos
de mônadas celestes se
reuniram magneticamente umas
às outras para a obra
multimilenária da evolução.(...)* 99 [1]

ANDRÉ LUIZ

---

[1] Francisco Cândido Xavier-Waldo Vieira pelo espírito André Luiz, *Evolução em dois mundos*, 25ª ed., cap. 18, pág. 179, FEB Editora.

PRAZER E SEXUALIDADE

Estaríamos nós diante de uma nova versão do determinismo biológico?

É um risco atribuirmos à genética – que compartilhamos com os primatas – as condutas imorais ou impróprias, características e emoções insanas, poder desregrado e sexualidade sem controle, peculiaridades indóceis e traços irracionais. Criando justificativas fundamentadas na ciência, para perpetuar nossos comportamentos, não os renovando, já que são vistos como inevitáveis, "naturais".

Não estaríamos indo ao encontro de uma naturalização ou mesmo "animalização" do ser humano?

Sabemos que somos Espíritos imortais e que grande parte de nossa identidade ainda não está formada; mas nossas experiências estão sendo continuamente registradas. "(...) O conhecimento do perispírito é a chave de uma multidão de problemas até agora inexplicados (...)"[2], pois ainda somos mutantes, encontramo-nos em construção evolutiva inexorável.

Como espíritas, nosso objetivo não é fazer com que prevaleça no comportamento humano apenas uma ação puramente genética, mesmo porque somos passivos a tudo o que existe à nossa volta: interagimos com o mundo (social, biológico, emocional, planetário), nele interferimos e também o alteramos. Em síntese, a Doutrina

---

[2] Allan Kardec, *O Livro dos Médiuns*, 5ª ed., pág. 57. Boa Nova Editora.

Espírita espera que o indivíduo seja um modificador, transformador do meio em que vive e, por consequência, uma boa influência para a sua comunidade.

Estas páginas tentam evidenciar que a criatura humana não é só um produto exclusivo do meio ambiente, visto que acreditamos que todos os primatas – humanos ou não – são peregrinos da evolução. Fazemos parte da imensa multidão de Espíritos que vive, cresce, aprende e evolui nas atmosferas físico-cultural-intelectuais da Terra.

Estudar os primatas para entender a natureza humana. Essa é a tese de Frans de Waal, primatólogo da Universidade Emory, Atlanta, Estados Unidos[3]. Ele descreve os bonobos como sexualmente liberais, ou seja, não utilizam atitudes ou papéis sexuais tradicionalmente estabelecidos pelas normas e regras da humanidade. Mas, na verdade, se a privacidade e a repressão não são problemas, onde entra a liberalidade de seus atos ou de suas intenções? É porque eles não sentem obrigação em dar nada e, por consequência, vivem sem esperança de nada receber em troca. Simplesmente não sentem vergonha, não são pudicos nem têm inibições. Quando dois bonobos se acasalam, os filhotes, às vezes, pulam em cima deles para observar os detalhes; ou outro adulto pode achegar-se ao corpo de um deles para participar do evento sexual.

De Waal relata com argumentos que a **sexualidade** entre eles é com frequência compartilhada e participativa, e não oculta e coibida. Uma fêmea pode deitar-se de costas, estimular com as mãos seus órgãos genitais à vista de todos e provavelmente nenhum elemento do grupo se

FRANCISCO DO ESPÍRITO SANTO NETO | HAMMED

---

[3] Frans de Waal, *Eu, Primata - Por Que Somos Como Somos*, Companhia das Letras, págs. 116 e 117.

importará com isso. Ela pode, num rápido vaivém, trocar de posição e continuar se manuseando agora com os pés e mantendo livres as mãos para fazer *grooming* em seu filhote.

A versatilidade sexual dos bonobos é extraordinária, apesar de alguns sexólogos afirmarem categoricamente que o orgasmo é um fator exclusivo dos humanos. Contudo Frans declara que quem já observou fêmeas bonobos em intensa cópula não acreditará nessa ideia com muita facilidade. As fêmeas mostram os dentes de orelha a orelha e emitem gritos agudos quando estão copulando demonstrando satisfação e desejo.

Muitos sexólogos asseguram que o ser humano é a única espécie que apresenta aumento da frequência cardíaca e rápidas contrações nos músculos pélvicos no clímax da relação sexual; ressalta, porém, o pesquisador holandês que ninguém tentou fazer esse tipo de estudo com bonobos e presume, sem muita dúvida, que eles passariam no teste.

Tal como os humanos, os bonobos, durante o coito, percorrem os mesmos ciclos de rápidas contrações musculares, que rodeiam os órgãos sexuais com espasmos em outras partes do corpo e demonstram uma sensação geral de euforia.

Os símios, do gênero *Macacus*, enquadram-se nos critérios de Masters & Johnson (médico e psicóloga norte-americanos). Foram os dois pesquisadores que, em 1966, estudaram a atividade sexual prazerosa e constituíram uma das mais importantes equipes de investigação científica na área da psicologia e da fisiologia do ato sexual.

Além disso, argumenta de Waal que a postura peculiar e única da espécie humana em utilizar a "posição convencional" para copular é considerada por muitos como prova da sensatez de seres civilizados e culturais, embora seja ela notada também nas relações sexuais dos bonobos. E mais, revela que, em vista dos milhões de anos de evolução sexual em nossa bagagem, as tentativas de dissociar a **sexualidade** humana da de outros primatas não humanos são em absoluto inúteis. Tanto os hormônios que os conduzem à atividade sexual, como as características anatômicas, que tornam viáveis e admissíveis essas particularidades, são biologicamente determinados.

Os bonobos adotam com facilidade a posição "frente a frente" no acasalamento, assim como põem em prática outras tantas. A posição "face a face" lhes é apropriada pelo fato de que sua anatomia é estruturada para copular dessa maneira, além de serem muito sensíveis aos olhares, ou seja, recados e impressões colhidas pelos olhos.

Exames minuciosos de vídeos mostram que esses primatas verificam as expressões e os sons de seus parceiros, regulando os movimentos pélvicos baseados na reação que eles percebem no outro. Se o companheiro não faz contato visual ou dá algum outro sinal de pouco entusiasmo ou displicência, os dois se separam. Os bonobos parecem ser primorosamente sintonizados com o que seu semelhante sente, destaca o cientista.

O que é inato, natural e instintivo não se elimina, **equilibra-se**. Se reprimido, ele sossega, desaparece aparentemente. E quando pensamos que o tínhamos eliminado, ei-lo que aparece forte e imponente, como se nunca dali tivesse se ausentado. Ensinavam os antigos sábios: "A alma não tem segredo que um dia o comportamento não revele".

Equilíbrio vem do latim *"aequilibrium"* e significa:

"estabilidade, domínio, comedimento, proporção harmônica, nível igual dos pratos de uma balança". Aliás, equilibrar os instintos sexuais não é livrarmo-nos deles ou fazê-los desaparecer, mas sim termos controle sobre os mesmos. Por mais que façamos para conter nossos **desejos sexuais**, eles podem surgir de forma inesperada. Melhor do que reprimir é administrar. Embora muitos tomem todos os cuidados possíveis para amordaçá-los, basta uma só ocasião para eles voltarem à tona.

Não tentemos mudar a sequência dos fatos naturais. Tudo está equilibrado harmonicamente pelas normas do Poder Divino. Analisemos as plantas como exemplo. Se quisermos que elas cresçam e se desenvolvam, devemos nos limitar a deixá-las viver com naturalidade, pois, por mais que possamos dispensar-lhes cuidados e zelos contínuos, só na hora certa é que brotarão e se cobrirão de flores.

É difícil impor regras e normas à Natureza, isto é, tentar mudar nossa essência a golpes moralistas ou caprichosos.

Diz Blaise Pascal: "Duas coisas instruem o homem, qualquer que seja a sua natureza: o instinto e a experiência". A pessoa cordata não se opõe à ação da Natureza, mas entra em sintonia com ela e, junto com ela, atua.

Foi o que foi, é o que é, será o que será. Essa frase tem como característica básica a validação do que é naturalmente real. Pode ser comparada às afirmações encontradas no término de nossas preces: "Que assim seja, que seja assim".

Onde quer que a **sexualidade** se apresente, seja isolada ou fendida, parte do amor do ser humano é perdido. O indivíduo rígido e puritano pode nunca vir a amar de verdade, pois a neutralidade ou o controle dos sentimentos fazem com que apenas expresse seus anseios, da forma como julga correto. Pessoas assim vivem distanciadas do amor real e presas a atrações amorosas cultivadas por belezas frias de louça, que mais se assemelham a uma boneca de porcelana, atraídas por físicos esculturados – um corpo forte, mas insensível e inoperante para o amor.

Evoluir e respeitar os processos naturais significa aprender os limites de nossa vontade e possibilidade. A Natureza não gera diplomacia, não negocia visando à defesa dos direitos e dos interesses pessoais; apenas executa desígnios.

Se recuássemos à ancestralidade da alma, superando paradigmas que nos hipertrofiam a visão transcendental, reduzindo ideias e ideais que vão ao encontro do pensamento materialista, já teríamos conseguido recursos mais lógicos e seguros para solucionar o conjunto de questões relativas ao sexo e à **sexualidade**.

A criatura humana está fadada a atingir níveis mais elevados do que aqueles que se manifestam pela matéria, no entanto, não podemos desvalorizar as fases evolutivas do homem, pois viver para fora é ainda uma condição existencial de muitos na contemporaneidade; e é dessa forma que farão pontes ou vinculações entre o mundo de fora e o de dentro, entendendo sem pressa que a vida externa é um reflexo da vida interna e vice-versa.

A busca pelas fontes de desenvolvimento e crescimento espiritual começa vivendo para fora e, aos poucos, conscientizando-se da vida íntima; desse modo, entendemos que tudo está perfeito na criação divina – viver exteriormente não exclui viver interiormente. São fases integradas de um longo processo de construção evolucional. Não devíamos temer a nossa exterioridade nem a interioridade. O modo como existimos e o como nos relacionamos hoje estão na Natureza, pois fazemos parte dela.

Na realidade a libido existe nas criaturas humanas e não deve ser negada, é um fato biológico incontestável. O fenômeno sexual em si não muda; o que pode ocorrer é que os seres humanos mudam a forma de conceituá-lo e de interpretá-lo servindo-se de novas características antes nunca admitidas.

Da mesma maneira que diversos conceitos passaram por um extenso processo de transformação, evoluindo no transcorrer da história, igualmente a visão sobre a sexualidade também se modificou. Na Antiguidade, o sexo era considerado diabólico; na Idade Média, herético; nos séculos seguintes, tido como sinal de fraqueza de caráter; atualmente é estudado, valorizado e mais aceito.

Hoje podemos dizer a seu respeito: nunca repressão, mas condução digna, nunca imposição, mas respeito. Jamais libertinagem, mas controle. Jamais precipitação, mas auto-responsabilidade.

AUDIOLIVRO BOA NOVA

SUCESSO

NOVIDADE

Elaborado a partir do estudo e análise de "O Evangelho Segundo o Espiritismo", Renovando Atitudes é um dos maiores sucessos da literatura mediúnica nacional. Depois de traduzi-lo para o inglês e o espanhol, a Boa Nova Editora lança sua versão em áudiolivro. Ideal para você, que não tem muito tempo para dedicar à leitura, já que pode escutá-lo no carro, no ônibus ou mesmo em casa, na hora que quiser.

O autor espiritual Hammed, através das questões de "O Livro dos Espíritos", analisa a depressão, o medo, a culpa, a mágoa, a rigidez, a repressão, dentre outros comportamentos e sentimentos, denominando-os "dores da alma", e criando pontes entre os métodos da psicologia, pedagogia e da sociologia, fazendo o leitor mergulhar no desconhecido de si mesmo no propósito de alcançar o autoconhecimento e a iluminação interior.

OUTRAS OBRAS DO MÉDIUM

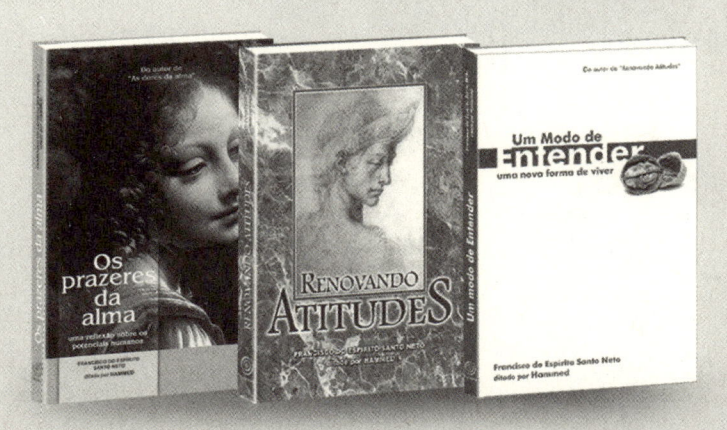

MAIS DE 1 MILHÃO DE EXEMPLARES VENDIDOS

ADOLESCÊNCIA
CAUSA DA (IN)FELICIDADE

A NOVA OBRA DO MÉDIUM FRANCISCO DO ESPÍRITO SANTO NETO, DITADA POR IVAN DE ALBUQUERQUE.

Voltado para pais e adolescentes, este é um livro que leva à reflexão sobre as transformações vividas pelos jovens nesta etapa da vida, tão repleta de novidades. A obra tem objetivo de contribuir com o trabalho e os esforços dos pais no desenvolvimento de seus filhos.

Gênero Comportamento

Tamanho 14x21cm

Páginas 256

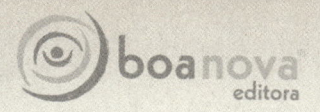

RENOVANDO ATITUDES

Francisco do Espírito Santo Neto / Hammed

Filosófico | 14x21 cm | 248 páginas | ISBN 978-85-99772-61-4

Elaborado a partir do estudo e análise de 'O Evangelho Segundo o Espiritismo', o autor espiritual Hammed afirma que somente podemos nos transformar até onde conseguirmos nos perceber. Ensina-nos como ampliar a consciência, sobretudo através da análise das emoções e sentimentos, incentivando-nos a modificar os nossos comportamentos inadequados e a assumir a responsabilidade pela nossa própria vida.